VIDA:
UM PRESENTE DO UNIVERSO

Gill Edwards

VIDA: UM PRESENTE DO UNIVERSO

Os quatro segredos cósmicos para fazer com
que os seus sonhos se tornem realidade

Tradução
CLAUDIA GERPE DUARTE

Título original: *Life is a Gift.*
Copyright © 2007 Gill Edwards.

Todos os direitos reservados. Nenhuma parte desta obra pode ser reproduzida ou usada de qualquer forma ou por qualquer meio, eletrônico ou mecânico, inclusive fotocópias, gravações ou sistema de armazenamento em banco de dados, sem permissão por escrito, exceto nos casos de trechos curtos citados em resenhas críticas ou artigos de revistas.

A Editora Pensamento-Cultrix Ltda. não se responsabiliza por eventuais mudanças ocorridas nos endereços convencionais ou eletrônicos citados neste livro.

Coordenação editorial: Denise de C. Rocha Delela e Roseli de S. Ferraz

Preparação de originais: Roseli de S. Ferraz

Revisão: Liliane S. M. Cajado

Dados Internacionais de Catalogação na Publicação (CIP)
(Câmara Brasileira do Livro, SP, Brasil)

Edwards, Gill
  Vida : um presente do Universo / Gill Edwards;
  tradução Claudia Gerpe Duarte. – São Paulo : Cultrix, 2010.

Título original: Life is a gift.
ISBN 978-85-316-1101-8

1. Autorrealização (Psicologia) 2. Corpo e mente 3. Vida espiritual I. Título.

10-12851   CDD-158.1

Índices para catálogo sistemático:
1. Autorrealização : Psicologia   158.1

O primeiro número à esquerda indica a edição, ou reedição, desta obra. A primeira dezena à direita indica o ano em que esta edição, ou reedição, foi publicada.

Edição   Ano
1-2-3-4-5-6-7-8-9   11-12-13-14-15-16-17

Direitos de tradução para o Brasil
adquiridos com exclusividade pela
EDITORA PENSAMENTO-CULTRIX LTDA.
Rua Dr. Mário Vicente, 368 — 04270-000 — São Paulo, SP
Fone: 2066-9000 — Fax: 2066-9008
E-mail: pensamento@cultrix.com.br
http://www.pensamento-cultrix.com.br
que se reserva a propriedade literária desta tradução.
Foi feito o depósito legal.

Ao meu filho Kieran.
Que você sempre se lembre de quem você é —
e procure alcançar os seus sonhos mais extravagantes

Sumário

Agradecimentos — 9

Prefácio — 11

Capítulo 1: A vida é um presente do Universo — 17
Capítulo 2: O maravilhoso segredo — 32
Capítulo 3: Os sentimentos são importantes — 48
Capítulo 4: A voz interior do amor — 70
Capítulo 5: Torne-se um raio *laser* — 102
Capítulo 6: Aprenda a se descontrair e se desligar — 123
Capítulo 7: Tudo está evoluindo com perfeição — 139
Capítulo 8: Você *pode* exercer uma influência positiva — 155
Capítulo 9: Ouse viver, ouse sonhar — 174

Epílogo — 183
Notas — 187

Agradecimentos

Dedico um amor e uma gratidão infinitos a Abraham (e Esther e Jerry Hicks), cujos ensinamentos enriqueceram enormemente o meu entendimento das realidades interior e exterior, e cujas palavras sábias e amorosas preenchem diariamente o meu coração e a minha alma. Agradeço também a Seth (e Jane Roberts), cujos livros me causaram um enorme entusiasmo há 25 anos, e cujos passos me ajudaram a encontrar o meu próprio caminho – e a Orin (e Sanaya Roman), Lazaris (e Jach Pursel), Emmanuel (e Pat Rodegast) e muitos outros que trouxeram sabedoria das dimensões superiores; aos pioneiros terrenos da nova metafísica como Louise Hay e Shakti Gawain; e aos inúmeros mestres xamânicos que têm me ajudado a manter a minha espiritualidade fundamentada, personificada e conectada à Mãe Terra.

Dirijo a minha gratidão a todos os místicos, videntes e visionários que se dispuseram a ser hereges, a ser guiados pela sua Luz interior e se recusaram a seguir a maioria, inclusive aos cientistas, médicos, agentes de cura, canais, terapeutas e mestres espirituais que estão propondo ao mundo um novo paradigma. Obrigada pela sua coragem, pelo seu entusiasmo e pela sua sabedoria – e por iluminar o caminho.

Agradeço aos meus maravilhosos editores pelo seu contínuo apoio e abordagem positiva ao longo de tantos anos, com um agradecimento especial a Gill Bailey e Helen Stanton. Obrigada a Liz Dean pelos seus comentários editoriais; e, como sempre, obrigada aos meus pais pela sua cuidadosa leitura do texto e proveitosas sugestões.

O meu caloroso agradecimento aos amigos e clientes que me ajudaram a descobrir quem eu sou e me impeliram a amar e crescer;

obrigada por vocês serem quem são. O meu eterno amor e gratidão ao meu *anam cara* – o homem que me ensinou o que o amor incondicional realmente significa; obrigada pela sua presença e pela sua ausência, e por todas as preciosas pérolas. Por fim, como sempre, dedico um profundo amor e gratidão à minha família e aos meus amigos chegados por estar ao meu lado e por compartilhar a jornada ao longo dos percursos suaves e dos acidentados. Obrigada por vocês serem presentes tão incríveis na minha vida.

Prefácio

O amor é a vida acreditando em si mesma.
Manitongquat[1]

Se você tem um sonho, você *pode* fazer com que ele se torne realidade. Não importa o que possa ter acontecido no passado. Não importa o seu ponto de partida. Não importa o que qualquer outra pessoa pense. Isso é garantido. Você só precisa compreender as leis da criação da realidade – e depois parar de bloquear o seu próprio caminho, para que o Universo possa entregar os seus presentes.

Essa afirmação faz com que esse processo pareça simples e direto? Bem, ele é e não é. Depois de passar 25 anos estudando e 17 escrevendo e ensinando a respeito de *como* criamos a nossa realidade, ainda estou aprendendo. Eu me confundo e faço besteiras. Ainda me desvio em várias ocasiões do caminho suave que eu pretendia seguir. Mas essa é uma parte fundamental da jornada. Sempre que você dá uma topada, você desperta. A não ser que você se perca na raiva do caminho acidentado, ou não pare de se recriminar por ter sido inábil, todo desafio faz com você olhe para dentro de si. Ele o obriga a fazer algumas perguntas importantes. E ele sempre produz pérolas preciosas. Sempre que isso acontece, eu me levanto, sacudo a poeira e sigo no meu caminho, esperançosamente um pouco mais sábia, mais compassiva e mais amorosa, e sempre com uma visão mais clara daquilo que desejo criar. O que libera sonhos ainda maiores para o futuro. Todos os dias me parecem preciosos e maravilhosos. Tornei realidade na minha vida alguns sonhos verdadeiramente magníficos, assim como exerci uma influência positiva na vida de milhares de outras pessoas.

Fui criada em uma casa assombrada, o que me despertou para as realidades invisíveis desde a tenra idade. Isso também me conferiu uma insaciável curiosidade a respeito da natureza da vida, e do nosso relacionamento com as esferas invisíveis. Li na adolescência um sem-número de livros a respeito do misticismo e da paranormalidade, estudei Freud e Jung, e aprendi yoga e meditação. Comecei a fazer algumas Grandes Perguntas a respeito da vida, e a minha jornada espiritual teve início com uma séria intenção. Passados muitos anos, depois de trabalhar como psicóloga clínica durante toda a década de 1980 e deste então como autora de livros espiritualistas e facilitadora de seminários, essa curiosidade a respeito da vida continua tão aguçada como sempre. No entanto, hoje tenho algumas respostas incríveis para as minhas Grandes Perguntas sobre a vida – bem como ferramentas práticas de transformação – que devolvem alegria, paixão e magia à vida do dia a dia e oferecem abordagens positivas e fortalecedoras para os nossos problemas pessoais e globais.

Aprendi três coisas com a mais absoluta certeza: em primeiro lugar, a vida é um presente do Universo. Não é uma lição, uma tarefa ou uma missão. Não estamos aqui para ser bons ou perfeitos. Não temos que provar que somos dignos. (Nós *somos* bons. Nós *somos* dignos.) Não estamos aqui para categorizar a nós mesmos; tampouco estamos aqui para salvar o mundo. Estamos aqui para viver uma alegre aventura de consciência neste belo planeta que chamamos de Terra. Em segundo lugar, tudo o que acontece é governado pela lei da atração. Não existem vítimas. O mundo exterior é um espelho do nosso mundo interior de pensamentos, convicções, desejos, receios e expectativas. Em terceiro lugar, este é um cosmos amoroso. Existe uma força superior criativa e amorosa – que podemos chamar de Deus, Tudo o Que Existe, Origem do Universo – que nos ama incondicionalmente, diz sim a *todo* desejo sincero que temos e nos conduz constantemente em direção à satisfação desses desejos.

Somos deuses e deusas principiantes, capazes de transformar chumbo em ouro e água em vinho. Se ao menos conseguíssemos manter o medo, a dúvida, a insegurança, o remorso, a obrigação, a censura e a crítica fora do caminho, seríamos capazes de fazer milagres. Se ao menos conseguíssemos permanecer concentrados no que desejamos. Se ao menos...! Na condição de psicoterapeuta, testemunhei a facilidade com que as pessoas atrapalham a sua própria vida, geralmente seguindo hábitos familiares de pensamento e comportamento que foram estabelecidos na infância. Hábitos que podem tornar-se invisíveis enquanto nos passam uma rasteira. Hábitos que defendemos e justificamos vigorosamente, mesmo quando eles nos tornam infelizes. Eu sei, a partir da minha experiência pessoal, que parar de bloquear o nosso próprio caminho é nosso maior desafio na vida.

Despertando para o amor

Como muitas outras pessoas, acredito que estamos vivendo em uma era de despertar. As nossas antigas maneiras de ver as coisas não parecem mais estar funcionando. Tudo indica que o caos e a desordem sejam precursores indispensáveis da transformação, e muitas pessoas estão passando por mudanças rápidas e, com frequência, inesperadas, como se estivéssemos sendo *forçados* a mudar, tanto no aspecto pessoal quanto no global. Uma nova concepção holística do mundo está emergindo da ciência e do misticismo e insinuando-se em todos os cantos da sociedade. Uma revolução cultural está a caminho.[2] Antes predominantemente nos bastidores, ela hoje está se tornando cada vez mais pública e óbvia. A humanidade está se deslocando para um novo estado de consciência, que às vezes pode nos deixar confusos e inseguros, como se estivéssemos caminhando sobre areia movediça. Estamos indo além do velho e limitante mundo do medo, da luta, da carência e do complexo de vítima – o mundo do "bom-senso" que habitamos há séculos, e ingressando em uma esfera nova e brilhante de amor, liberdade, alegria, criatividade e percepção consciente. Estamos nos deslocando do medo para o amor. Estamos nos transformando de lagarta em borboleta. Só que, às vezes, nós nos agarramos intensamente ao nosso antigo mundo "seguro" e conhecido. Com medo de tecer o nosso casulo. Com medo de ficar sozinhos. Com medo de confiar no nosso processo. Com medo de acreditar nos nossos sonhos. Com medo de abrir as asas e voar.

O lado positivo dessa concepção de mundo emergente é que nada e ninguém "lá fora" precisa mudar para que você seja feliz. A felicidade é sempre criada de dentro para fora. O lado negativo é que você não tem mais ninguém em quem lançar a culpa. Independentemente do que aconteça, o dedo sempre aponta para você. E o perigo é que você comece a se recriminar por "criar" a doença, os acidentes, a demissão, um arrombamento, uma ação judicial ou um relacionamento doloroso, o que irá mantê-lo em uma espiral descendente de vergonha e autossabotagem. Este livro o fará lembrar-se de que os desafios são meramente oportunidades de você amar, crescer e se libertar, e estão sempre conduzindo-o na direção que você deseja seguir, mesmo que indiretamente.

Uma vez que você encare a vida como um presente, você pode relaxar e respirar com mais facilidade. Você nada tem a provar. Não há nada errado com você. Não existe nada errado com nenhuma outra pessoa. É impossível cometer um erro ou fazer qualquer coisa errada. Mesmo quando a vida parece confusa, você está se saindo muito bem. Entretanto, a lagarta precisa tecer um casulo escuro antes que possa se metamorfosear em borboleta. Apesar dos múltiplos desafios que estamos enfrentando, tudo está se desenvolvendo perfeitamente. Estamos evoluindo para um novo estado de consciência e um novo entendimento do amor.

O amor é a energia que aglutina, que nos permite avançar, associar-nos aos outros, libertar-nos das nossas antigas defesas, expandir e crescer, enxergar a perspectiva mais abrangente. O amor possibilita que nos tornemos mais a pessoa que nós somos. À medida que você ama incondicionalmente a si mesmo, os outros e o mundo – à medida que você faz as pazes com o que existe, ao mesmo tempo que avança em direção ao que você deseja – você pode criar o seu próprio céu na Terra.

A boa notícia é que você pode esquecer a luta e o esforço. Com frequência, tirar um cochilo é mais proveitoso! Se o trabalho parece árduo, ou se você se sente aprisionado ou bloqueado, você não está em harmonia com as forças criativas do cosmos. Quando você está seguindo o fluxo, qualquer ação parece prazerosa e libertadora. Liberar a sua resistência, para que você possa acompanhar o fluxo de energia que é a base a esfera física, é o segredo para fazer os seus sonhos se tornarem realidade. Se a sensação é boa, se você tem vontade de sorrir, se você respira com mais facilidade, você está avançando na direção correta. Se a sensação é pesada, dolorosa ou difícil, você está nadando contra a corrente, está resistindo ao fluxo. (E isso faz sentido em um Universo amoroso?)

Fazendo com que os seus sonhos se tornem realidade

Vida: Um Presente do Universo é um guia prático para que você crie o seu céu na Terra. Este não é um livro de receitas superficiais para você "conseguir mais supérfluos", embora você *possa* ter qualquer coisa que deseje. Com ele você vai aprender a fluir com o Universo. Ele vai lhe mostrar como você pode se tornar um cocriador divino, um místico prático, um exaltado tecedor de sonhos. Este livro é o ponto de encontro da sua espiritualidade, da sua criatividade e da sua sensualidade. É a jornada da alma encarnada – criadora, amante e visionária. Diz respeito a tornar-se um adulto espiritual e assumir o seu direito inato como ser humano. Com ele você vai aprender a formar uma ligação mais profunda com o seu eu superior e criar uma vida que verdadeiramente lhe pertence. Acima de tudo, este é um livro a respeito do amor incondicional.

Este pequeno volume encerra os segredos místicos do Universo. Você poderia ler este livro em algumas horas, mas levará uma vida inteira (ou mais) para colocar tudo em prática com competência. E você poderá se divertir muito ao longo do caminho! Sugiro que você tenha lápis e papel à mão, porque além de um exame de consciência, você tem à frente uma reflexão interior e bastante divertimento criativo. E também muitos milagres. Quando você realmente *sabe*, nas profundezas do seu ser, que você cria tudo o que lhe acontece, que você é profundamente amado e o Universo está sempre do seu lado, a vida se transforma em uma jornada verdadeiramente mágica.

Quando você tiver terminado a leitura, conhecerá os passos envolvidos na criação da alegria, da paz interior e da satisfação, e na realização de todos os seus desejos – e você terá uma caixa de ferramentas prática para a vida. Um por um, os capítulos revelarão:

✧ Por que a vida precisa ser vista como um presente de amor e não como uma tarefa, missão ou acidente.

✧ A lei mística que governa *tudo* o que nos acontece.

✧ O entendimento das emoções como a sua forma primária de orientação superior.

✧ Como escutar a voz interior do amor (em vez da do medo).

✧ Como dirigir os seus pensamentos como raios *laser*.

✧ Por que a luta e o esforço excessivo são uma perda de tempo, e por que você deve seguir a sua alegria.

✧ Como tudo está sempre se expandindo com perfeição, tanto no aspecto pessoal quanto no global.

✧ Como exercer uma influência positiva no mundo.

✧ Por que viver para o dia de hoje, enquanto sonha com o amanhã.

Vida: Um Presente do Universo lhe mostrará como permanecer conectado ao fluxo invisível do Universo, que é o segredo de como criar o seu próprio céu na Terra. Você logo saberá, a cada momento, se está avançando na direção dos seus sonhos e desejos ou afastando-se deles; e o que você deve fazer se tiver se desviado do seu caminho. E à medida que você for colocando em prática essas ferramentas, os milagres começarão a acontecer.

Gill Edwards

Capítulo 1
A vida é um presente do Universo

O princípio fundamental da vida é a liberdade. O propósito da vida é a alegria. O resultado da vida é o crescimento. **Abraham**[3]

Sonhei ontem à noite que eu era uma gazela que vagava livre pela floresta, saltando por cima de samambaias e riachos, parando para pastar em uma clareira da floresta, com o ouvido alerta e os olhos e as narinas atentos a tudo o que me cercava. Em seguida, despertei do meu sonho, levantei-me da cama e abri a veneziana de madeira. A luz da manhã espalhou-se pelo quarto, e contemplei o jardim. A alguns passos de distância, debaixo de um carvalho, uma corça levantou os olhos e me fitou. Durante uma fração de segundo, senti as minhas orelhas fremirem, e fiquei sem saber se eu era uma gazela ou um ser humano.

Na tradição dos índios norte-americanos, o veado é um símbolo de delicadeza e amor incondicional. Ele nos faz lembrar que o amor é o grande agente de cura, que sobrepuja a ilusão da separação. Quando o amor está presente, o medo está ausente. Quando o medo está ausente, tudo é calorosamente recebido no seu coração, e você relaxa profundamente. O amor nos tranquiliza, garantindo que tudo está bem. Ele nos liberta. O amor diz integralmente respeito à expansão, à abrangência e à integração. O amor nos une e associa, ao passo que o medo nos separa. A escuridão é meramente a ausência da luz e, à semelhança da luz matutina, o amor se insinua, a não ser que o excluamos.

Os nossos mitos da criação

Como você responderia às duas eternas questões da vida: *Quem sou eu? E por que estou aqui?* Essas perguntas podem parecer sonhadoras e irrelevantes para a vida do dia a dia. Você talvez esteja até mesmo se perguntando quando iremos lidar com as ferramentas práticas que fazem com que os seus sonhos se tornem realidade. (Isso começa no próximo capítulo.) Mas, primeiro, precisamos examinar a sua filosofia de vida.

A sua cosmologia causa um profundo impacto na sua vida cotidiana, quer ou não você a tenha algum dia levado seriamente em consideração. As suas respostas às questões eternas revelam o seu mito da criação, o qual, por sua vez, afeta praticamente todas as escolhas que você faz. O seu mito da criação é a pedra fundamental dos seus relacionamentos pessoais, bem como a sua saúde mental e física. Ele determina se você cria uma vida maravilhosa e gratificante, se você se sente aprisionado ou coagido, ou se secretamente acha que a vida tem que encerrar algo mais do que isto. A sua cosmologia motiva até mesmo decisões como, por exemplo, se você deve ou não comer aquela fatia de bolo de chocolate, se deve ou não trabalhar durante o seu horário de almoço ou se deve ou não dançar descalço na chuva.

Na infância, você deve ter elaborado respostas para as questões eternas, conscientemente ou não, basicamente observando a maneira como os seus pais (e outras pessoas) viviam a vida: quais eram as prioridades deles. Como passavam o tempo. Como se comportavam um com o outro. A maneira como o tratavam. Como lidavam com as emoções. Como enfrentavam os problemas ou os conflitos. Como tomavam decisões. O que eles consideravam a coisa adequada e correta de fazer. E as mensagens que você recebia da sua família, dos seus amigos, da escola, da religião e da cultura que o cercavam a respeito de Deus, da vida e do cosmos. Quase todas as frases que proferimos, e cada ação que praticamos, revela alguma coisa a respeito da nossa cosmologia. Na condição de adulto, essas antigas convicções tendem a ficar à espreita no seu subconsciente, e a não ser que você reconsidere e faça novas escolhas, essas convicções podem fazer uma diferença enorme na maneira como você pensa a respeito da sua vida. E, como veremos, a maneira como você pensa a respeito de si mesmo e da sua vida é simplesmente *tudo*.

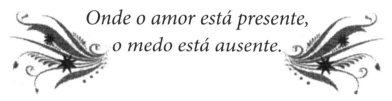

Onde o amor está presente, o medo está ausente.

De acordo com a minha perspectiva, existem três mitos fundamentais da criação, que podem ser, em linhas gerais, atribuídos à religião, à ciência e ao misticismo personificado. Você não precisa tomar uma decisão a respeito do mito da criação que deve escolher neste momento, mas precisa estar consciente dessas diferentes maneiras de encarar a realidade e de como elas o moldam e controlam. Caso contrário, as ideias apresentadas nos capítulos que se seguem podem lhe causar um certo mal-estar, sem que você saiba por quê.

PRIMEIRO MITO: A VIDA É UMA PROVAÇÃO

A maioria das religiões do mundo (e grande parte da filosofia da Nova Era) promove a ideia de que a vida é uma provação, um teste, um desafio ou uma missão, ou seja, que a Terra é uma escola de treinamento para almas rebeldes, e que o objetivo da vida é que nós "nos aperfeiçoemos". Você está aqui para aprender lições. Você está aqui para provar que é uma pessoa boa e digna. A mensagem subjacente é que existe alguma coisa errada com você (ou com o mundo) que precisa ser corrigida, que você é inadequado, que você precisa buscar a salvação ou cumprir uma tarefa ou missão desconhecida. E se você for bem-sucedido, receberá a sua recompensa no além (ou pelo menos eliminará um mau karma). Esse mito da criação dá a entender que a Terra é um lugar decadente, um vale de lágrimas, e que Deus e o céu estão em outro lugar, muito distante. Você está exilado da terra prometida. Esse mito frequentemente coloca no céu uma severa figura paterna que aponta um dedo crítico para você – concedendo-lhe estrelinhas douradas todas as vezes que você é bom aos olhos Dele, e somando notas vermelhas para cada ação ou pensamento "pecaminoso". Ou então que lhe dá uma bonificação pelo seu trabalho árduo, pelo seu sofrimento e abnegação. E esse mito ainda recomenda com insistência que você oriente a sua vida por textos antigos e empoeirados, pelas normas sociais ou pelas necessidades e expectativas das outras pessoas – em vez de receber uma orientação interior.

Essa cosmologia se baseia na avaliação crítica, ou amor *condicional*. É a avaliação crítica, ou seja a divisão do mundo em bom e mau, ou certo e errado, que destrói a nossa paz interior, sendo a origem de todas as guerras, hostilidades e conflitos no planeta. No entanto, ela tem sido encorajada durante milhares de anos por religiões que preconizam que "sejamos bons", supondo que se os nossos impulsos e desejos não forem mantidos sob controle, seremos seres imorais e destrutivos. Bem no fundo, somos vistos como sendo inerentemente maus. E o problema é que definir *qualquer* parte de nós mesmos (ou dos outros) como má ou errada nos lança em um conflito. Quando você encara a vida como uma batalha entre o bem e o mal, você precisa permanecer alerta e garantir que está sendo suficientemente bom. Além de tomar medidas para que os outros também sejam bons. E tomar cuidado com os maus!

Quando dizemos a uma criança que ela só receberá a visita do Papai Noel se tiver sido "boazinha", ou quando ela descobre que será punida se for "má", ela está aprendendo esse severo mito da criação. *"Seja uma pessoa boa! Faça o que lhe dizem para fazer! Agrade aos outros! Ponha os seus sentimentos e necessidades de lado. Aí você será recompensado."* Coisas boas lhe acontecerão amanhã. Ou no dia seguinte. Ou depois que você morrer. Nesse meio-tempo, a sua recompensa poderá ser a aprovação dos outros, o sucesso mundano ou um brilho intenso da virtude. Mas o preço que você paga é estar sendo moldado e controlado pelos outros. Quando lhe ensinam a ser bom, você não aprende a ser verdadeiro consigo mesmo, e nem a amar a si mesmo. Se alguma coisa ruim acontece, você acha que está sendo punido ou testado. Você aprende a reprimir as suas emoções e desejos, na vã esperança de conquistar ou merecer o amor. A sua prioridade é ser bom e perfeito aos olhos dos outros. Você é guiado a partir do exterior e aprende a se conformar. Você se esconde atrás de papéis e funções e faz o que é esperado de você. Você passa por situações difíceis e desagradáveis para agradar aos outros. Desenvolve um juiz ou crítico interior que mantém você (e os outros) sob controle. Relaxar torna-se difícil. Você vive no medo e na insegurança, constantemente pisando em ovos, já que aprendeu que o amor é condicional. A condição é que você seja bom e perfeito. A condição é que você seja a pessoa que os outros querem que você seja. O que não é amor; é meramente aprovação.

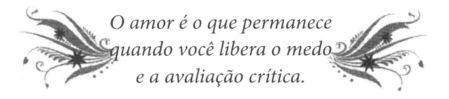

O amor é o que permanece quando você libera o medo e a avaliação crítica.

SEGUNDO MITO: A VIDA É UM ACIDENTE

Um mito mais recente da criação surgiu da ciência no século XVII, quando esta última se separou oficialmente da religião.[4] Esse mito apregoa que a vida na Terra é aleatória, um acidente estatístico. Um acidente tão improvável que chega a ser praticamente milagroso – mas que mesmo assim é um acidente. Este é o mito amplamente aceito na sociedade ocidental como tendo "bom-senso", de modo que o carregamos também dentro de nós. De acordo com ele, somos seres isolados que nos movemos ruidosamente através do espaço sobre um pedaço de rocha inerte, em um universo predominantemente escuro e vazio. Somente as coisas sólidas que podemos ver e tocar são reais. A vida começa na concepção, e a morte é o fim de tudo. A existência de Deus, dos anjos e dos reinos invisíveis é vista como desnecessária e irrelevante, ou até descartada com uma fantasia infantil.

No aspecto positivo, esse mito científico jogou fora o deus crítico que lança raios e trovões quando está descontente. No aspecto negativo, ele nos vê como vítimas dasafortunadas da sorte, do acaso e da coincidência. Ele considera a vida imprevisível e caótica. Acidentes podem acontecer. O desastre pode nos atingir e a doença pode nos derrubar. Nunca sabemos o que se encontra depois da próxima esquina. Esse mito propõe que só podemos controlar a nossa vida se controlarmos ativamente as circunstâncias e nos protegermos das ameaças, do perigo e dos possíveis inimigos.

Se você acredita nesse mito, a sua prioridade é permanecer em segurança. Você pode ficar com medo de correr riscos. Com medo da mudança, com medo de relaxar. Ou então você pode se tornar uma pessoa que tenta controlar os outros. Trata-se de um mito que promove a crença na falta, na escassez e na competição. Afinal de contas, na realidade sólida, existe apenas uma quantidade finita de coisas a ser colocada em circulação. *Se você tem mais, eu tenho menos. Estamos acabando com os recursos limitados da Terra.* Esse mito o incita a buscar a segurança "lá fora", talvez por intermédio do dinheiro, pensões, seguros, *status*, bens materiais ou relacionamentos carentes.

Esse é um mito da criação baseado no medo e na separação. Como veremos, isso significa que tentamos mudar ou controlar a vida de fora para dentro em vez de dentro para fora, o que conduz à dor, à luta e à autossabotagem. Psicologicamente, esse mito nos faz sentir ansiosos e vulneráveis, ou solitários e vazios. Dentro dessa mitologia, a vida não encerra nenhum significado ou propósito inerente. Ela é mundana e ordinária. Não há nenhuma centelha de magia. A felicidade com frequência parece precária, como se a qualquer momento alguém pudesse "puxar o nosso tapete". E o amor não é encontrado em lugar nenhum.

TERCEIRO MITO: A VIDA É UM PRESENTE DO UNIVERSO

Desde a antiguidade existe uma cosmologia centrada na Terra, ainda adotada por muitas culturas tribais, que nos percebe como sendo inseparáveis de Deus e da natureza. Na sociedade ocidental, durante muitos séculos, essa antiga concepção foi perseguida, proscrita e obrigada a passar para a clandestinidade por muitos séculos. Mas nas últimas décadas, ela emergiu do lado místico, cada vez mais popular, das religiões do mundo e (o que talvez seja ainda mais surpreendente) da vanguarda da ciência moderna.[5] Segundo esse mito da criação, tudo o que existe nasceu do corpo de Deus.

Em vez de nos ver como seres isolados, esse mito vê a criação como um todo inseparável. Ele vê toda a criação como boa e divina, já que tudo faz parte de Deus. E ele propõe que a vida é um presente maravilhoso dessa Fonte amorosa, consciente e que está em constante evolução.

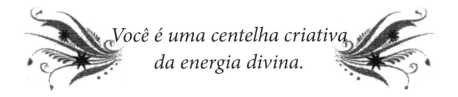

Você é uma centelha criativa da energia divina.

Essa antiga/nova cosmologia confere à vida um perfil bem mais positivo. Quando encaramos a vida como um presente, a Terra se transforma em uma área de recreação. A partir desse ponto de vista holístico, somos todos centelhas criativas da energia divina. Você é inseparável de Deus/Fonte, e essa mesma força criativa está circulando através de você. Você é amado. Você não tem nada para provar. A sua bondade e o seu valor nunca são postos em dúvida. Você é um ser eterno de Luz, e o propósito da vida é a alegria. Você está aqui para desfrutar essa aventura na consciência que chamamos de vida. Contemple o milagroso arco-íris, os raios de sol reluzindo no lago, a névoa que paira sobre o vale, a floresta repleta de campânulas ou a criança que patinha na poça! Prove a polpa gotejante do pêssego. Sinta a pele quente e suave da pessoa que você ama. Escute a lenha estalando no fogo, ou as folhas do outono sendo esmigalhadas debaixo do seu pé. O Universo se encanta com o prazer que você sente. Ele se deleita com a sua alegria e o seu riso. Exalta a sua sensualidade e sexualidade. Aprecia dar e receber amor. E adora a sua criatividade, a sua individualidade e os seus desejos – que ajudam o mundo (e Deus) a crescer e evoluir. O crescimento é inevitável, mas o nosso *propósito* é a alegria.

Quando a sua cosmologia reflete um Universo baseado no amor incondicional, ela é uma poderosa ferramenta para a libertação. Ela restaura uma ligação com a sua própria divindade. Elimina as antigas teias do medo, da culpa, da crítica e do controle. Ela o chama para um novo mundo através de um portão iluminado pelo sol, um mundo expansivo de amor, luz e alegria. Um mundo de liberdade. Quando você encara a vida como um presente, você sabe que este é um planeta de livre-arbítrio, o que significa que não existem escolhas certas ou erradas. (Em contrapartida, o mito que diz que a vida é uma provação o advertirá de que você efetivamente tem o livre-arbítrio, mas que precisa fazer a escolha *certa*. A escolha que Deus quer que você faça. Senão...). Em um Universo baseado no amor, a nossa liberdade se apresenta sem condições. Somos livres para escolher e, como veremos, o Universo apoia as nossas decisões e preferências. Em todos os casos. Sem restrições.

Como diz o autor metafísico Neale Donald Walsch: Deus não quer nada.[6] Absolutamente nada. Não há necessidades, exigências ou expectativas. Não existem programações ocultas, e tampouco obrigações e responsabilidades. Não há avaliações críticas, de modo que você não pode fazer nada errado. Não existem riscos, e cometer erros é uma impossibilidade. A vida está em constante expansão, e você sempre pode fazer novas escolhas à medida que vai seguindo adiante. Este é um mundo de amor incondicional. Logo que você começa a encarar a vida como um presente, você pode relaxar. As suas prioridades passam a ser a alegria e o prazer, o amor e a liberdade, a aventura e a autoexpressão criativa. Em vez de se esconder da vida, reprimindo os seus desejos ou negando os seus sentimentos, você pode participar plenamente dela, com a exuberância de um cachorrinho, rolando e saltando na grama.

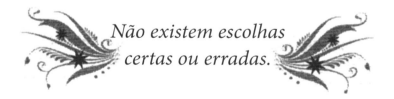

Não existem escolhas certas ou erradas.

Acredito que todos os grandes mestres espirituais como Jesus e Buda pregavam o amor incondicional e a união, antes que os seus ensinamentos fossem distorcidos pelas programações políticas, pelas traduções incorretas e pelos equívocos.[7] Se você acredita na bondade e na maldade, elas o dividem em dois. Você vive em um mundo de dualidade. William Blake afirmou justificadamente que o único pecado que existe é a acusação do pecado. Rumi, o poeta místico, disse que quando transcendemos as ideias de mau procedimento e bom procedimento, a nossa alma pode descansar na relva.[8] Nós nos tornamos almas encarnadas. Alcançamos a iluminação.

O amor incondicional tem o poder de nos transportar para um novo mundo. De fazer com que fiquemos plenamente vivos. De nos tornar inteiros. Em vez de separar o céu e a Terra, a cosmologia de amor incondicional volta a entrelaçá-los. Em vez de um pecado original, ela oferece uma bênção original.[9] Este é um mito da criação que libera o nosso potencial, que possibilita que milagres irrompam.

O misticismo personificado reverencia grande parte do que foi rejeitado ou denegrido durante séculos: as nossas emoções, a nossa intuição, os nossos sonhos e visões, o nosso corpo, a nossa sensualidade, a nossa sexualidade, a nossa paixão, o nosso desejo, a nossa sabedoria e poder interiores, o nosso sentimento de mistério, admiração e assombro. Ele restaura a espiritualidade terrena e encarnada. Resgata o que dividimos e perdemos. Ele pode ser visto como a deusa que desperta – o retorno do aspecto divino feminino – o deus imanente que está entrelaçado em todas as coisas, visíveis e invisíveis. É um mito da criação fortalecedor, positivo, sustentador, prazeroso, enaltecedor – e acima de tudo, amoroso.

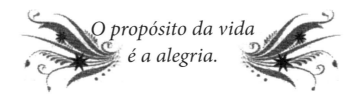

O propósito da vida é a alegria.

O amor *versus* o medo

Esses três mitos da criação nos oferecem três diretrizes notavelmente diferentes para a nossa vida:

- Seja bom *(A vida é uma provação)*.

- Permaneça em segurança *(A vida é um acidente)*.

- Seja feliz *(A vida é um presente do Universo)*.

Você não precisa ser um psicólogo clínico como eu para descobrir qual dessas mitologias promove a felicidade e a saúde mental, e qual delas a debilita. Qualquer cosmologia que promova o medo ou a avaliação crítica deveria exibir uma séria advertência sobre os perigos para a saúde que ela acarreta. A ansiedade, a culpa e a neurose são efeitos colaterais garantidos – e frequentemente também a doença. Ela confere uma mentalidade combativa.

Acreditar que há algo errado com você, que você precisa conquistar ou merecer o amor, bem como provar o seu valor, o torna vulnerável à depressão e ao desespero. Significa que você vive eternamente com medo de entender errado as coisas. Quer dizer que você se esforça para ser bom e perfeito aos olhos dos outros, em vez de expressar quem você realmente é. Você tenta justificar a sua existência, em vez de simplesmente aproveitar a vida. Essa ideia o torna vulnerável a hábitos como o vício de trabalhar, de se exercitar ou da compulsão de fazer compras. Você sente que não merece ser amado ou que é inadequado, e tenta encobrir o que considera imperfeito ou inadequado. Ou então, o que é ainda mais perigoso, você projeta em outras pessoas a "imperfeição" que você imagina existir, e depois luta contra aqueles que você considera imperfeitos, errados ou perigosos. Não apenas você está sendo posto à prova, mas também todas as pessoas que o cercam. (Em um trecho que ouvi no seriado satírico da televisão *Os Simpsons,* uma das personagens comenta que acaba de passar uma semana em um acampamento bíblico "aprendendo a ser mais crítica", o que me fez dar um sorriso zombeteiro.) Se você encara a vida como uma provação, ser bom e virtuoso torna-se mais importante do que ser feliz. Você passa a se preocupar mais com a maneira como a sua vida *parece* ser do lado de fora do que com a maneira como você a *sente* interiormente.

Encarar a vida como uma provação torna a paz interior e a alegria quase impossíveis. No entanto, a nossa herança cultural indica que todos carregamos dentro de nós essa cosmologia. Ela foi passada de geração em geração como um método de controle social, e a nossa consciência coletiva está embebida nela. Analogamente, a perspectiva secular moderna, ou seja, encarar a vida como um acidente aleatório, desprovido de um significado ou propósito inerente, não foi concebida para torná-lo imensamente feliz! Ameaças pairam sobre você em ambas as cosmologias. A ameaça de má sorte, tragédia, desastre, desaprovação, rejeição, abandono – até mesmo a ameaça da condenação eterna.

> *O amor só não se aproxima se você estiver impedindo que ele entre.*

Espiritualidade para adultos

Essas três cosmologias parecem refletir o nosso processo evolucionário natural, da infância à adolescência e à idade adulta. De acordo com a minha perspectiva, a humanidade passou pela dependência infantil de encarar a vida como uma provação, enquanto busca o amor e a aprovação, durante os últimos três ou quatro milênios. Em seguida fizemos uma breve permanência no estágio da adolescência no qual encaramos a vida como um acidente, negando a existência (ou relevância) de Deus. E agora estamos avançando em direção a uma cosmologia madura e libertadora na qual nos vemos como cocriadores com uma Fonte amorosa que trabalha *conosco* para nos ajudar a criar o nosso céu na Terra. Isso exige que sejamos plenamente responsáveis pela nossa vida. Também requer que amemos incondicionalmente. Isso é espiritualidade para adultos.

Inclino-me a ver a vida como um presente, já que acredito que ela pode transformar a nossa existência e o nosso mundo. Encaro as cosmologias baseadas no medo mais como células cancerosas, células fracas e doentes que podem atacar o seu próprio hospedeiro. Todos nós temos células cancerosas dentro do corpo, mas na maior parte do tempo, essas células são eliminadas pelo sistema imunológico por serem perniciosas. No entanto, se você ataca repetidamente a si mesmo por meio da culpa e da insegurança, se se sente aprisionado, impotente ou temeroso, se procura agradar aos outros em detrimento de si mesmo, se culpa os outros ou se ressente secretamente deles, se fica remoendo o que é errado ou perigoso ou se simplesmente encara a vida como vazia e inútil – se você fica se corroendo – as células cancerosas que atacam a si mesmas são fortalecidas, e o seu sistema imunológico que ama a si mesmo é enfraquecido. As células cancerosas enfermas podem então atacar em bando e assumir o controle da sua vida. Entretanto, o verdadeiro câncer é a sua cosmologia: as suas convicções tóxicas a respeito da vida, de Deus e do cosmos.

Nada é mais fundamental para a sua vida do que o fato de o seu mito da criação se basear no amor ou no medo. Isso faz a diferença entre sentir-se separado ou ligado ao amor. Faz a diferença entre satisfazer os seus sonhos e desejos ou acomodar-se com o que é esperado. Faz a diferença entre sentir-se seguro no mundo ou sentir-se ameaçado. Faz a diferença entre os relacionamentos amorosos e íntimos ou os relacionamentos baseados na submissão, no controle e na abnegação. Faz a diferença entre sentir-se ansioso, culpado e deprimido ou alegre, relaxado, franco e cordial. A cosmologia baseada no amor indica que você pode encontrar a paz interior, o que significa que você pode formar relacionamentos tranquilos e amorosos. Depois, podemos todos construir um mundo pacífico e amoroso.

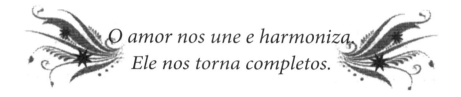

O amor nos une e harmoniza. Ele nos torna completos.

A ferida da separação

Tão logo você passe a encarar a vida como um presente, você pode inspirar profundamente. Ah, que doce alívio! A vida tem efetivamente um propósito. Você está aqui para sentir prazer! Você está aqui para se deleitar com a beleza da Terra, com a alegria e a sensualidade de ter um corpo físico, com a satisfação da criatividade. Você está aqui para amar, para rir, para se associar profundamente com os outros. A única coisa errada com você é a convicção de que existe algo errado com você (ou com os outros, ou com a vida). A sua única ferida, a ferida que todos compartilhamos, é a crença na separação. A crença de que somos separados de um Deus amoroso. De que estamos separados uns dos outros. Separados da natureza. Separados de quem realmente somos. E é o amor que volta a nos reunir. Não o amor condicional de um deus mítico que exige que você seja bom ou perfeito, mas o amor incondicional. O amor que enaltece cada parte do seu ser. O amor que respeita e reforça quem você é. O amor que permite que a sua energia circule livremente. O amor que restabelece a sua ligação com a sua Fonte criativa.

Encarar a vida como um presente muda tudo. O cosmos é visto como sendo inteligente, amoroso e dotado de um propósito. No lugar de uma cosmologia do intelecto fria, dura, insípida, seca e insatisfatória, você descobre uma espiritualidade do coração calorosa, emocionante, extravagante e interessante, que sopra vida em você. Você começa a se sentir seguro e amado no mundo. Esses mitos da criação podem impelir os seus pensamentos, sentimentos e comportamentos em direções quase opostas, já que oferecem perspectivas sobre a vida radicalmente diferentes. Se você alimenta um mito da criação baseado no medo e na avaliação crítica, o seu caminho na vida será instável. Se a sua cosmologia se baseia no amor incondicional, você pode criar, e efetivamente criará, o seu próprio céu na Terra. Em outras palavras, o seu mito da criação determina se você irá viver em um preto e branco mundano, ou em um deslumbrante tecnicolor.

De acordo com a cosmologia emergente que estou prestes a revelar, você pode ter, fazer ou ser qualquer coisa que deseje. Esta afirmação parece incrivelmente romântica ou idealista? Faço votos que sim. Acredito que a vida esteja destinada a ser o céu na Terra. E sim, eu sei muito bem o que está acontecendo nos locais problemáticos do mundo, estou ciente das ameaças ecológicas ao nosso planeta e estou informada a respeito do vasto conjunto de desafios globais que estamos enfrentando. Na condição de psicoterapeuta, tenho conhecimento do abuso difundido que tem lugar atrás de portas fechadas, bem como da infelicidade e do desespero privado que frequentemente é dissimulado por rostos sorridentes em público. No entanto, a maior parte desse tormento pode ser associada aos nossos mitos da criação doentios, que fazem com que nos consideremos separados do Amor, que nos fazem viver em um mundo de dualidade. A concepção mística do mundo nos assegura que o Amor está aqui e agora, e que está sempre se expandindo na sua direção.

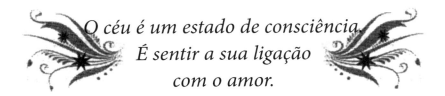

O céu é um estado de consciência.
É sentir a sua ligação
com o amor.

O que me faz voltar ao meu sonho a respeito da gazela. A nossa nova interpretação da realidade propõe que a esfera interior e a exterior, ou seja, a mente e a matéria, estão interligadas de uma maneira totalmente mágica. Estamos nos deslocando para uma nova e atordoante perspectiva da realidade na qual não somos meramente observadores passivos e tampouco cientistas espiando em um microscópio, mas sim cocriadores ativos do nosso mundo. Não existe uma verdadeira separação entre a realidade interior e a exterior. A partir de uma perspectiva dualista do mundo baseada no medo e na separação, a corça que apareceu no meu jardim quando acordei do sonho foi uma mera coincidência. A partir da perspectiva que encara a vida como um presente, foi uma sincronicidade,* uma coincidência significativa que deriva do constante entrelaçamento do interior com o exterior. Ela nos faz lembrar que a vida é bem mais mágica do que parece. Que vivemos em um Universo amoroso. Que o céu pode estar aqui e agora.

Ver a vida como um presente não tende apenas a torná-lo mais feliz e saudável; como veremos nos próximos capítulos, existem bons motivos para supormos que o cosmos foi deliberadamente planejado para nos dar qualquer coisa que pedirmos, para nos oferecer uma abundância interminável de presentes. Sem nenhuma condição. Em outras palavras, o amor incondicional está inserido na própria estrutura do Universo. Tornar os seus sonhos realidade não envolve retirar coelhos de cartolas. Não é um conjunto brilhante de técnicas e recursos. Diz respeito a avançar em direção a um mito da criação saudável. Consiste em permitir que a energia natural do Universo circule através de você. Consiste em escolher a percepção consciente, o amor e a expansão. Em seguida você pode se transformar em uma borboleta e criar a vida dos seus sonhos.

Apenas para você

CÍRCULO DE SONHOS

Desenhe um enorme círculo em uma grande folha de papel. Escreva dentro do círculo tudo o que você deseja ter, fazer ou ser – talvez nos

---

*O termo sincronicidade faz referência a um conceito desenvolvido por Carl Jung para definir acontecimentos que se relacionam não por relação causal mas por relação de significado. (N. da T.)

próximos dois ou três anos. Qual é o seu estilo de vida ideal? Forje para si mesmo uma nova vida. Permita-se ser um sonhador e um visionário. Seja ambicioso! Sinta uma sensação maravilhosa enquanto derrama os seus sonhos sobre o papel em branco. Reconheça que este é o primeiro passo na criação da realidade. Você está pedindo ao Universo que entregue presentes a você. E o Universo sempre diz sim. Nada e ninguém, a não ser você, semeia tropeços no seu caminho. Criar o seu próprio céu na Terra está inteiramente nas suas mãos, ou melhor, na sua consciência.

Alternativamente, você pode querer anotar as qualidades que deseja atrair para a sua vida, como amor, alegria, beleza, sensualidade, romance, aventura, imaginação, liberdade, oportunidade, riso, comunidade, trabalho em equipe, abertura, criatividade, natureza, espiritualidade.

(Há quinze anos venho desenhando o meu Círculo de Sonhos em todos os solstícios e equinócios, que são ocasiões de grande eficácia para a manifestação. É fascinante olhar para trás e ver como os meus sonhos se tornam realidade, frequentemente de uma maneira inesperada.)

PERGUNTAS PARA O UNIVERSO

Quais são as suas perguntas importantes a respeito da vida? O que você anseia por compreender mais profundamente? Que conflitos interiores você está tentando resolver? O que você sente que está faltando na sua vida? O que pode estar impedindo que os seus sonhos se tornem realidade? A respeito de que você precisa de uma orientação superior? Pegue um caderno ou diário especial e escreva as suas perguntas. São perguntas para o Universo, a Fonte, Deus/Deusa ou Inteligência Infinita. Esteja certo de que as suas perguntas serão respondidas. Você talvez se depare com livros, ideias ou conversas que lhe oferecerão novos vislumbres. Pessoas, acontecimentos ou experiências que o conduzirão às respostas poderão lhe ser enviados. Você também poderá receber as suas respostas nos momentos de quietude e de reflexão tranquila. Volte a examinar as suas perguntas daqui a um mês ou um ano, e você ficará impressionado com a maneira como o cosmos respondeu.

Capítulo 2
O maravilhoso segredo

Cada pessoa experimenta uma realidade única, diferente de qualquer outra. Essa realidade brota da paisagem interna de pensamentos, sentimentos, expectativas e convicções. **Seth**[10]

Desde a antiguidade, um segredo místico tem sido passado de geração em geração, na maioria das vezes de um modo verbal, com frequência em tons abafados de sigilo e salvaguarda, e somente para aqueles considerados prontos para recebê-lo: os iniciados, os escolhidos ou os aprendizes de magia. Essa sabedoria era considerada inadequada para os ouvidos do público em geral, até mesmo perigosa, e foi escondida e reprimida até agora. Somente nas décadas mais recentes esse segredo foi liberado, como pássaros canoros libertados de gaiolas de vime, dos recantos mais distantes do mundo. Ele procedeu de místicos e xamãs de culturas tribais. Emergiu da vanguarda da ciência, especialmente da física e da biologia. Foi sussurrado nas antiquíssimas tradições esotéricas e de mistério. E é um ponto comum nos ensinamentos modernos a respeito da verdadeira natureza da realidade. É uma ideia cuja hora chegou.

O maravilhoso segredo é herege e ameaça o conformismo e o controle social. É por esse motivo que foi mantido em segredo por tanto tempo. Ele pode fazer de todos nós pensadores independentes. Ele libera o nosso poder e o nosso potencial ilimitados. Ele nos confere a capacidade para mudar a nossa vida para sempre – e tornar realidade os nossos sonhos mais extravagantes.

Talvez você tenha crescido acreditando que grande parte da vida "apenas acontece", que podemos ser vítimas de acidentes, doenças, traição, violência, tragédia ou pura e simplesmente do azar. Você talvez se veja governado pela sorte, pelo destino ou pelo karma. Ou talvez ainda tenham lhe dito que Deus está no comando, de modo que você tem que gostar ou engolir o que quer que aconteça. Talvez tenham até lhe avisado para não ter esperanças e sonhos para o futuro de maneira a evitar a dor do desapontamento ou do desgosto. Mas quando você compreender o segredo místico do Universo, você nunca mais precisará se sentir como uma vítima. Você não entregará novamente o seu poder para ninguém ou nada fora de você, pois saberá que você é uma centelha criativa do divino, um deus ou deusa principiante, e que o seu verdadeiro poder reside dentro de você.

Qual é então o maravilhoso segredo? Ele é a única lei que é verdadeiramente universal, que não admite exceções. Não há nenhuma cláusula de exceção. Não existem letras miúdas. A lei se baseia na conscientização de que, como a nova física descobriu, o mundo não é um lugar sólido. Aquilo que percebemos como realidade física é, na verdade, um vasto campo de *energia* interligada. Essa rede consciente e infinita de energia pode ser chamada de Fonte, Deus, Tudo o que Existe ou Universo (com U maiúsculo). Em outras palavras, a ideia de que estamos separados é uma ilusão. Somos inseparáveis de tudo o mais, já que somos células no corpo energético de Deus.

A ideia de que estamos separados é uma ilusão. Tudo está interligado.

Uma vez que você perceba o mundo como energia, compreenderá que somos na verdade mais seres psicoenergéticos, ou vibratórios, do que seres sólidos de carne e osso. Não existe uma verdadeira distinção entre a mente e a matéria, já que tudo que existe é energia, seja ela uma energia visível como uma cadeira ou um castiçal, ou uma energia invisível como um pensamento ou uma onda de rádio. A física nos diz que pelo menos 90% do universo é uma forma desconhecida, invisível, de matéria-energia conhecida como matéria escura; ou seja, 90% do universo é para nós um completo mistério. Poderia isso se referir às dimensões invisíveis, à tapeçaria oculta do cosmos, a que os místicos frequentemente se referem? Tudo isso pode parecer muito abstrato, mas encerra enormes implicações práticas para a nossa vida cotidiana. O que nos conduz ao grande segredo.

O mundo como um espelho

O maravilhoso segredo é conhecido como a lei da atração, ou seja, o semelhante atrai o semelhante. Como propõe a física moderna, é a *consciência* que determina o que acontece no nível quântico e, portanto, o que se manifesta na realidade física. Os pensamentos são padrões de energia que influenciam a tapeçaria oculta do cosmos. A energia dança de acordo com a música tocada pela consciência, e *você* é o flautista que está tocando a música. Você está sonhando ativamente e criando o seu mundo. Os seus pensamentos se tornam realidade. O astrônomo britânico James Jeans disse que o Universo é mais como um grande pensamento do que como uma grande máquina, e essa é a gigantesca mudança de perspectiva que estamos fazendo atualmente. O mundo debaixo dos nossos pés não é mais tão sólido quanto pareceu um dia.

A lei da atração revela como a mente e a matéria estão entrelaçadas na nossa vida cotidiana e nos permite penetrar uma realidade mágica na qual podemos ter, fazer ou ser tudo o que desejamos. Caminhamos sobre os nossos sonhos, pesadelos ou em algum lugar intermediário. As únicas limitações que existem são aquelas nas quais acreditamos.

Caso você já esteja levantando os olhos, descartando o que acabo de dizer como a conversa extravagante e grotesca de uma louca que vive em um mundo de fantasia, gostaria de lembrar que algumas das pessoas mais famosas da história compreendiam a lei da atração, pessoas como Platão, Sócrates, Shakespeare, Newton, Blake, Da Vinci, Beethoven, Thoreau, Emerson, Goethe, Einstein. Você pode encontrá-la oculta nos ensinamentos místicos de todas as religiões, do cristianismo ao hinduísmo, do islamismo ao budismo, e também nas antigas civilizações como a do Egito e a da Babilônia. Um sem-número de mestres espirituais confirmam hoje a lei da atração. E um número cada vez maior de cientistas de vanguarda concorda que a mente está embutida na própria estrutura da matéria, ou seja, que a consciência parece moldar e, até mesmo criar, a realidade física.[11] Assim sendo, se eu *sou* de fato louca, pelo menos estou em excelente companhia. (Ufa!) Mesmo que pareça loucura para você neste momento, acompanhe-me no percurso, e verifique se as coisas começam a fazer sentido. Acredito que estou apenas fazendo com que você se lembre do que já sabe, embora talvez tenha esquecido.

Então, como funciona a lei da atração? Em palavras simples, os nossos pensamentos, desejos e intenções são padrões vibratórios de informação de acordo com os quais ressoa o mundo que nos cerca. O que quer que você sustente na sua mente é emitido como um sinal de rádio no cosmos. O Universo envia então eventos, circunstâncias e relacionamentos compatíveis com esse sinal. Em outras palavras, o seu mundo exterior é um reflexo do seu mundo interior. Nada disso tem a ver com recompensas ou punições. A lei da atração é imparcial; você simplesmente obtém aquilo na qual se concentra.

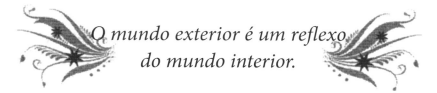

O mundo exterior é um reflexo do mundo interior.

Se você continuar a ter os mesmos antigos pensamentos, continuará a atrair a mesma antiga realidade. É por isso que os ricos tendem a ficar mais ricos, enquanto os pobres ficam ainda mais pobres. Se você se concentrar na prosperidade e esperar que ela aconteça, você a atrairá. Se se concentrar em dívidas e contas, você atrairá uma quantidade maior delas. Se se concentrar em se sentir sozinho e ansiar por um parceiro, você atrairá mais solidão e anseio. Se se concentrar em amar a si mesmo e os outros, você atrairá relacionamentos repletos de amor. Se você se concentrar na doença e na enfermidade, assim que você cura um sintoma outro aparece. Se você se concentrar na saúde e no bem-estar, e partir do princípio de que o seu corpo é saudável e forte, você atrairá um estado saudável. Se você se concentrar na mera sobrevivência e em vencer as dificuldades para chegar ao fim de cada dia, a vida será como uma rotina e um trabalho árduo. Se você se concentrar na alegria, na criatividade e no amor, a vida será enriquecedora e significativa. Se você se concentrar em se sentir encurralado ou aprisionado, atrairá pessoas e circunstâncias que reforçarão essa condição. Se você se concentrar em se sentir livre e ilimitado, ou simplesmente estabelecer isso como uma intenção clara, você atrairá relacionamentos e situações que respaldem esse sentimento. Até mesmo os noticiários que você ouve, as histórias que outras pessoas "por acaso" lhe contam ou conversas que você escuta em um bar refletem algum aspecto dos seus pensamentos, convicções, desejos, receios e expectativas.

Os pensamentos se transformam em coisas

Nada acontece por acaso. Até mesmo o evento mais insignificante é governado pela lei da atração. Não existe sorte, acaso ou coincidência. A esfera interior e a exterior estão conectadas em um nível profundo e invisível, e a realidade externa da vida cotidiana é meramente uma manifestação do nosso mundo interior. Este é um mundo especular, no qual os nossos pensamentos privativos se manifestam na realidade física. Isso não acontece imediatamente, já que temos o útil escudo do tempo no qual podemos mudar de ideia. Entretanto, com o tempo, os pensamentos se tornam coisas. Pensamentos com vibrações elevadas – pensamentos positivos, alegres e amorosos – atraem o que você deseja. Pensamentos com vibrações baixas – baseados no medo, na dúvida ou na crítica – bloqueiam qualquer coisa que você deseje. O que quer que aconteça está lhe oferecendo um *feedback* a respeito dos sinais de rádio que você está enviando, e uma vez que você entenda isso, poderá conscientemente criar a sua realidade.

Você obtém aquilo em que se concentra.

Quando eu era criança, sonhava em ser escritora. Queria escrever livros que fizessem diferença, livros que transformassem a vida das pessoas. Noite após noite, eu adormecia imaginando que eu estava diante de prateleiras repletas de livros de minha autoria, reunindo-me com os meus editores ou sentada na minha escrivaninha em uma grande casa de campo, absorvida na leitura de um original. Passados muitos anos, depois de escrever dezenas de artigos para revistas e trabalhar como psicóloga clínica durante uma década, o meu sonho se tornou realidade. Moro em uma casa que parece saída de um conto de fadas, à beira de um lago e perto de cachoeiras, aninhada nas montanhas no meio de um incrível parque nacional, e escrevi livros que modificaram a vida de um sem-número de pessoas. Os sonhos podem se tornar realidade, e efetivamente se tornam, se você usar a lei da atração.

Vamos imaginar, apenas por agora, que a vida é um sonho e você é a pessoa que está sonhando. Que tipo de sonho você gostaria de criar? Dê asas à sua imaginação. Onde você gostaria de viver? Com quem gostaria de viver? Como passaria o seu tempo? Como se sentiria? Se você pudesse fazer, ser ou ter qualquer coisa, o que escolheria? O que *você* sonhava para o seu futuro quando era criança? Quais são os seus sonhos agora?

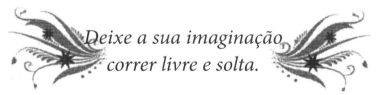

Deixe a sua imaginação correr livre e solta.

"Muito interessante", você poderá dizer, "mas caia na real! Uma pessoa como eu não pode esperar ter o estilo de vida dos meus *sonhos*. Você não tem a menor ideia das limitações que sou obrigado a suportar: a minha saúde, as minhas finanças, o meu grau de instrução, o meu parceiro, a minha família, o meu chefe, a cidade tacanha onde eu moro. Você não entende as minhas obrigações e responsabilidades, nem a pressão que estou sofrendo da parte de outras pessoas. Você desconhece os fardos da infância que eu carrego e as escolhas inadequadas que fiz no passado."

Mas essa é a magia do maravilhoso segredo. Nada que aconteceu no passado, nenhuma situação ou circunstância atual, nenhuma outra pessoa, sistema ou governo, *nada* pode impedir que você torne os seus sonhos realidade. Somente você. Você é o seu único obstáculo. Você não pode usar nenhuma outra pessoa como desculpa. Ninguém pode "fazer" nada a você. Você cria tudo que lhe acontece, mesmo quando o bom-senso (a partir da nossa perspectiva de um mundo sólido) dá a entender que a responsabilidade é de outra pessoa.

Um divertido relatório sobre indenizações de seguro citou as seguintes palavras de um motorista: "O pedestre que eu atropelei admitiu que a culpa era dele, pois ele já fora atropelado no mês passado". Isso deixa de ser realmente uma piada depois que você entende a lei da atração. Quanto mais o pedestre se culpava pelo primeiro acidente, e quanto mais o ficava ruminando, mais provável era que ele voltasse a acontecer. Então, o pedestre atraiu um motorista cujas vibrações estavam em harmonia com a ideia de estar envolvido nesse tipo de acidente. Tanto o motorista quanto o pedestre se sentiam como vítimas, mas recebemos aquilo em que nos concentramos e o que esperamos que aconteça. Em outras palavras, as companhias de seguro só nos protegem das consequências práticas dos nossos pensamentos negativos.

Entretanto, você poderá protestar, dizendo: "Mas eu sofri um acidente no ano passado, e não estava esperando *nada parecido*". No entanto, você seguramente alimentou pensamentos e emoções, provavelmente durante um longo período, que se harmonizaram com sofrer um acidente. Talvez você precisasse se afastar do trabalho por algum tempo, e não conhecesse outra maneira de fazê-lo. Talvez você tenha ficado o tempo todo repetindo para si mesmo que é um mau motorista ou que você tinha muita sorte por nunca ter sofrido um acidente. Se você relembrar as emoções que sentiu como *reação* à batida, talvez raiva, irritação, frustração, culpa, desespero, depressão ou desamparo, elas estavam à espreita durante algum tempo, e o *resultado* final dessa negatividade foi um acidente (ou doença, ação judicial ou qualquer outra coisa). Não existem acidentes. Cada acontecimento é coordenado pela lei da atração, nos mínimos detalhes.

Desejo acrescentar aqui uma observação a respeito da culpa e da responsabilidade. A lei da atração não é um motivo para que você se culpe por causa de todos os acontecimentos negativos, o que simplesmente atrairá um número ainda maior deles. Ela é uma fascinante oportunidade para você resgatar o seu poder e tornar-se um criador consciente da sua própria vida. Esta é a diferença crucial entre a recriminação (que enfraquece) e a responsabilidade (que fortalece). A recriminação sempre contém uma crítica. A recriminação e a culpa fazem com que você se enrosque em uma bola dolorosa e acontecem quando você encara a vida como uma provação, ao passo que a responsabilidade lhe proporciona a capacidade de responder e tem lugar quando você encara a vida como um presente. Se a sensação for desagradável, é porque você se inclinou na direção da recriminação em vez da responsabilidade.

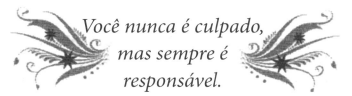

Você nunca é culpado, mas sempre é responsável.

Se você foi criado por pais que pensavam rotineiramente de uma maneira negativa, encaravam a vida como uma luta, culpavam os outros pela dor que sentiam, reclamavam e faziam críticas o tempo todo, estavam sempre se rebaixando, viam as circunstâncias ou relacionamentos desagradáveis como "uma cruz que precisavam carregar", esperavam sempre o pior, achavam que eram bons e as outras pessoas eram más, evitavam "perturbar o equilíbrio das situações", viviam preocupados com o dinheiro ou a saúde (ou com você), ou se comportavam como vítimas ou mártires, então essas maneiras autodestrutivas de pensar e se comportar talvez tenham se tornado habituais para você também. Essa velha maneira de encarar o mundo lhe parecerá familiar ou "como as coisas devem ser", e o Universo fará o possível e o impossível para provar que você está certo! Além disso, você atrairá amigos, colegas e até mesmo conhecidos ocasionais que compartilham a sua negatividade e confirmam que os seus receios, dúvidas e queixas são justificados. Você talvez se sinta encurralado e aprisionado. Você talvez saiba, bem no fundo, que a vida não foi feita para ser assim. Entretanto, você se conforma em silêncio com uma vida que está bem aquém dos seus sonhos.

A boa notícia é que nunca é tarde para mudar. Talvez você esteja imensamente endividado. Talvez tenha recebido um terrível diagnóstico médico. Talvez acredite que a sua infância o marcou de uma maneira irreversível. Talvez você se arrependa de algumas das suas escolhas ou ache que fez um desvio errado em algum ponto ao longo do caminho. Nada disso importa. Você sempre pode criar a vida que você deseja *a partir de onde você está*. É assim que este Universo mágico e amoroso está configurado. É desta maneira que o incrível presente da vida foi projetado.

Mas você precisará efetuar mudanças. Talvez precise criar mais tempo para o silêncio, a quietude e a reflexão, tempo para você se centrar e escutar a sua sabedoria interior. Você terá que deliberadamente escolher novos pensamentos, e questionar as suas antigas convicções. Talvez precise se reconciliar com o ponto onde você está, a fim de abrir a porta para a mudança. Também precisará fazer novas escolhas todos os dias, baseadas no conhecimento de que a vida é um presente do Universo, que você é bom e digno, e que todos os seus desejos podem ser realizados. E terá que confiar na sua orientação interior. O Universo poderá então conduzi-lo a uma nova vida, a vida pela qual você tem estado esperando.

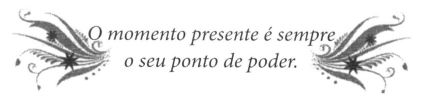

O momento presente é sempre o seu ponto de poder.

Você nunca é vítima do seu passado. O momento presente é sempre o seu ponto de poder. Se você mudar a sua maneira de pensar, você mudará a sua realidade. Você começará imediatamente a atrair novas circunstâncias e acontecimentos, novos amigos e relacionamentos, novas oportunidades, novas ideias e possibilidades. Tudo isso requer um esforço deliberado e uma intensa concentração; afinal de contas, é muito mais fácil continuar alimentando as mesmas antigas ideias; no entanto, em poucos dias ou semanas, você poderá começar a virar a sua vida de cabeça para baixo. Novos pensamentos, novo futuro. E você poderá começar a *se sentir* melhor em poucas horas ou até mesmo minutos.

Estima-se que tenhamos 60 mil pensamentos por dia. Se você concentrar apenas 51% deles em coisas positivas – no que você deseja, no que você gosta, no que aprecia, no que é bom nos outros, no que é bom para você, em lembranças felizes, em devaneios, fantasias e expectativas alegres para o futuro – você p-o-u-c-o-a-p-o-u-c-o atrairá uma quantidade maior daquilo que deseja. Você ultrapassará o ponto de virada, e a sua vida começará a mudar para melhor. Se a sua meta passar a ser 75% de pensamentos positivos, você se sentirá maravilhosamente bem, e os milagres se manifestarão aos borbotões. Quando os seus desejos, convicções e expectativas estão em sincronia, você é simplesmente invencível!

Mudando a vida de dentro para fora

Você não precisa acreditar no que vou dizer. Você pode colocá-lo à prova. Escolha pensamentos novos e positivos a respeito de qualquer assunto, como o seu emprego, relacionamentos, saúde ou dinheiro, e sustente esses novos pensamentos sistematicamente durante apenas 21 dias, ou simplesmente não anule as suas novas ideias com pensamentos opostos, e veja o Universo responder com novas situações, presentes inesperados e coincidências significativas. É verdadeiramente milagroso. Ou então observe a vida de outra pessoa e veja como ela se harmoniza com as coisas sobre as quais ela fala repetidamente ou com a maneira como ela encara o mundo. Ela fala com frequência a respeito dos sonhos e visões que alimenta, e de tudo o que é bom e maravilhoso na vida? Ou fala o tempo todo sobre os problemas que tem, o que está errado com o mundo, o que está errado com os outros ou sobre as suas próprias inadequações?

O seu mundo exterior sempre está em sintonia com os sinais de rádio que você emite. E não adianta exibir um sorriso corajoso e *fingir* estar feliz e ter ideias positivas, e nem proferir afirmações nas quais você não acredita, já que o Universo responde à sua energia – ao padrão e à frequência das suas vibrações – e não à sua aparência externa ou a palavras falsas. É impossível enganar o cosmos. Você só pode mudar a sua vida de dentro para fora.

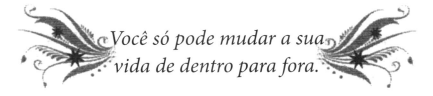

Você só pode mudar a sua vida de dentro para fora.

A manifestação não tem nada a ver com o controle ou a manipulação. Na realidade, tentar controlar as pessoas ou os acontecimentos é um ato de autossabotagem, já que ele deriva da falta de fé e de confiança. Controlar significa tentar mudar a sua vida sem mudar as suas vibrações, tentar mudar a vida (ou outras pessoas) de fora para dentro, o que conduz à luta, ao esforço, a uma má escolha do momento e a relacionamentos defeituosos, raramente produzindo qualquer recompensa duradoura. A manifestação diz muito mais respeito à entrega do que ao controle. Ela consiste em se soltar. Consiste em entrar em sintonia com as forças naturais de um Universo amoroso, deixando claro quais são os seus desejos e preferências e, em seguida, deixar de bloquear o seu próprio caminho.

Infelizmente, quase todos nós temos um sem-número de anos de prática em *bloquear o* nosso próprio caminho! Fomos embebidos em uma "cultura de recriminação", que respalda a ideia de que, se as coisas estão saindo errado, a culpa deve ser de alguém. Ou existe *alguma coisa errada* comigo, *alguma coisa errada* com você ou *alguma coisa errada* com o mundo – e se ao menos você conseguisse se livrar dessa deficiência ou limitação, tudo ficaria bem. Mas a própria ideia de que existe "alguma coisa ruim ou errada" o mantém preso ao problema, em vez de fazê-lo avançar em direção à solução. Ela o conserva emperrado em uma mentalidade de combate, na qual você encara a vida como uma provação, o que só faz fortalecer a oposição. Aquilo a que você oferece resistência simplesmente faz força contra você, já que obtemos aquilo em que nos concentramos. Quanto maior a força com que você empurra qualquer coisa, mais ela se fortalece. (A guerra contra o câncer. A guerra contra o terrorismo. A guerra contra a pobreza.) Você pode ter qualquer coisa que deseje, desde que não emita pensamentos contraditórios. Pensamentos de combate. Você precisa simplesmente ser um poderoso raio *laser* que declare: "Este é o meu desejo". Ponto final.

Aquilo a que você oferece resistência persiste.

Sabotando a si mesmo

Quase todos nós parecemos mais velas bruxuleantes do que raios *laser*, cancelando os nossos desejos quase na mesma hora em que pensamos neles. Você pode dizer: "Este é o meu desejo – mas eis por que eu não posso obtê-lo, não devo esperá-lo, não o mereço ou talvez *realmente* não o deseje, ou como outras pessoas ou decisões do passado estão me impedindo de obtê-lo, ou o que está errado com o mundo, que estão atrapalhando a consecução do meu desejo, por que é extremamente doloroso para mim não obtê-lo, o que fez com que eu me sentisse tão bloqueado, por que eu deveria me sentir grato pelo que eu tenho em vez de querer outra coisa, porque estou certo em desejar isso embora outras pessoas possam discordar, ou por que eu talvez seja capaz de obtê-lo com o tempo, mas terei que esperar ou lutar primeiro por um longo tempo para que isso aconteça..." Você tem pensamentos do tipo "Se ao menos..." ou "Sim, mas...": "Se ao menos eu tivesse mais dinheiro..." "Se ao menos eu não tivesse esses compromissos..." "Se ao menos o meu parceiro ou chefe fosse mais solidário..." "Sim, mas a minha infância foi tão problemática..." "Sim, mas não sou talentoso o suficiente, inteligente o bastante, ou suficientemente rico..." (Você consegue ouvir aquele suspiro de mártir?) O Universo diz sim ao seu desejo e, em seguida, escuta toda a sua tagarelice a respeito de por que você não pode ter o que quer. Como ele só é capaz de refletir o que você está emitindo, ele mantém o seu presente em suspenso até que você envie sinais claros e coerentes.

Algumas das formas mais comuns de autossabotagem são:

✧ Concentrar-se no que é ruim, errado ou está ausente no momento presente.

✧ Criticar, se queixar ou julgar os outros.

✧ Culpar outra pessoa (mesmo que em silêncio) pela sua dor, imobilidade ou frustração.

- Concentrar-se no que os outros estão fazendo de "errado" ou em por que você está "certo" (e convencendo os outros a apoiá-lo).

- Explicar, defender ou justificar por que as coisas são como são.

- Analisar o que está "errado" com você ou o que você está fazendo errado.

- Culpar o passado ou sentir remorso.

- Culpar ou criticar a si mesmo (*"É tudo culpa minha!", "Como sou idiota por ter criado isso!", "Sou um caso perdido/inadequado/feio/detestável/egoísta/neurótico."*).

- Dizer a si mesmo por que não pode ter o que deseja, ou por que nem mesmo tem permissão para desejá-lo – ou tentar "justificar" o seu desejo (o que significa que você tem convicções contraditórias).

- Acreditar que você não merece ter o que deseja – que você não é bom, especial ou perfeito o bastante.

- Ceder às necessidades, exigências ou expectativas dos outros.

- Tornar-se uma esponja para a negatividade dos outros.

Todas as vezes que você preenche o seu ser com pensamentos negativos – talvez ao ouvir as notícias, ler os tabloides, ou assistir a um documentário triste ou a uma novela trágica – você aumenta a negatividade no mundo e atrai mais problemas para a sua vida. Lembro-me de uma propaganda na televisão na qual um conhecido autor aparece lendo um jornal de alto nível e dizendo: "Se eu ler bobagens, poderei começar a escrevê-las". O mesmo é verdade com relação à sua mente. Transforme a sua mente em uma lixeira, e a sua mente começará a produzir lixo. Se você inundar os seus pensamentos de crises, acontecimentos trágicos, doenças, abuso, conflitos, pobreza, guerras, dor e tragédia, você começará a atrair situações e eventos que se harmonizam com essas baixas vibrações. (Por esse motivo, há mais de uma década não assisto a noticiários e nem leio jornais.) As notícias não o "mantêm informado"; elas o alimentam gota a gota com o medo e o complexo de vítima, o que o desconecta do seu poder. A lei da atração também funciona para os pensamentos, de modo que pensar de um modo negativo significa que você atrai uma quantidade maior de pensamentos que combinam com essas vibrações, e isso se torna um hábito. Uma vez que você passa a saber que o mundo exterior reflete o seu mundo interior, você se torna muito mais exigente a respeito do que assiste, lê ou escuta, bem como das pessoas ao lado de quem você passa o seu tempo!

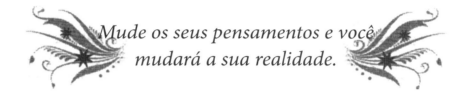

Mude os seus pensamentos e você mudará a sua realidade.

O fator do bem-estar

Uma vez que você entende a lei da atração, você passa a se cercar daquilo que lhe confere o fator do bem-estar. Você preenche os seus dias com pessoas, tarefas, atividades e lugares que alegram o seu coração. Você cria um lar que transmite uma sensação relaxante, parece bonito e está repleto das imagens que você deseja criar. Você escolhe programas de televisão, filmes e livros inspiradores e edificantes, que lhe mostram a beleza e a alegria no mundo, que o fazem rir, que o levam a se expandir com amor. Você procura os aspectos positivos das outras pessoas, em vez de criticar os defeitos e as inadequações que percebe nelas. Você aprecia e respeita as maneiras nas quais os outros são diferentes de você, valorizando a diversidade das pessoas. Você sente gratidão por tudo que é bom na sua vida, apreciando os prazeres de momento a momento que tornam os seus dias plenos e férteis.

Na condição de um tecedor de sonhos consciente, você nunca se recrimina por ter problemas. Como veremos, os problemas são um ingrediente essencial do caldo da vida; eles nos ajudam a esclarecer o que realmente queremos e a iniciar um novo futuro. Desse modo, você aceita o que existe, ao mesmo tempo que se expande em direção do que poderá ser. Você observa quaisquer ideias negativas com amor por si mesmo e delicadeza, e deixa que vão embora com um sorriso, suave como uma brisa. Acima de tudo, você se concentra no que deseja. Como uma criança quando o Natal se aproxima, você está repleto de uma alegre expectativa com relação ao futuro. Você simplesmente *sabe* que o Natal se aproxima e que os seus presentes estão a caminho! E, nesse meio-tempo, observa como a vida é maravilhosa!

Apenas para você

ESCOLHENDO NOVOS PENSAMENTOS

Escolha algum aspecto da sua vida – trabalho, dinheiro, relacionamentos, a sua casa, a sua saúde, o seu corpo ou qualquer problema que o esteja incomodando no momento – e escreva os seus pensamentos habituais a respeito desse assunto. Nada de fazer mudanças. Nada de censuras. Apenas anote o que você tende a acreditar a respeito da questão, dá consigo dizendo, ou ouve os amigos ou a família falando sobre o tema. Você consegue perceber como esses pensamentos e convicções são refletidos de volta para você? Em vez de dizer a si mesmo que você tem essas convicções porque "É assim que as coisas são", pense na possibilidade de que "É assim que as coisas são" porque você alimenta essas convicções. Agora descubra alguns pensamentos mais positivos a respeito do assunto – pensamentos, ideias ou memórias que pareçam reconfortantes, tranquilizadores, proporcionem alívio, sejam alegres ou edificantes. Observe como esses novos pensamentos fazem você se sentir. (Se eles não mudarem a maneira como você se sente, você não está modificando as suas vibrações.)

GRATIDÃO E RECONHECIMENTO

Diariamente, ou com a frequência que se lembrar, faça uma lista de tudo pelo que você se sentiu grato em cada dia. A carta de um velho amigo. Um abraço do seu filho. A luz do sol. Um almoço delicioso. O sorriso caloroso de um vizinho. Um passeio no parque. A emoção de um novo projeto no trabalho. Uma conversa estimulante. O dinheiro na sua conta corrente. Ter assistido ao pôr do sol. Uma noite relaxante perto da lareira. Mesmo que alguma coisa "ruim" tenha acontecido, descubra uma maneira de sentir-se grato por ela ou de vê-la sob uma ótica positiva. Ao longo do dia, pare de vez em quando para apreciar o que é bom e belo no momento.

Escrever sempre em um diário de gratidão, ou simplesmente adotar o hábito de um constante reconhecimento, podem transformar a sua vida. É uma das maneiras mais simples e eficazes de elevar as suas vibrações. Assim que acordo, passo alguns minutos concentrada em tudo pelo que me sinto grata na minha vida, e no final do dia, sempre que possível, escrevo o que foi maravilhoso nesse dia particular. Procure encerrar o seu dia com gratidão e observe a sua vida mudar.

Capítulo 3
Os sentimentos são importantes

Acredito que a felicidade é o nosso estado natural, que a bem-aventurança está embutida em nós. **Candace Pert**[12]

Vamos supor que você deseja vender a sua casa. Se você tiver uma visão clara do lugar onde quer viver depois e do motivo pelo qual quer se mudar, e se concentrar em tudo o que sempre amou na casa, provavelmente a venda será tranquila e rápida. O problema é que muitas pessoas decidem vender a casa porque estão concentradas no que está "errado" com ela e no motivo pelo qual desejam se livrar dela. (Cozinha estreita demais. Rua muito barulhenta. Jardim excessivamente pequeno. Espaço de armazenamento insuficiente.) Ou então elas enfatizam o que os outros poderão achar que está errado com a casa. Ou se deixam influenciar pela situação vigente do mercado imobiliário. Ou explicam aos outros *por que* não estão conseguindo vender a casa. Ou se concentram nos defeitos e deficiências do seu corretor de imóveis. Ou estão tão desesperadas para se mudar que isso por si só se torna um bloqueio, já que só sentimos desespero quando tememos que os nossos desejos não irão se realizar.

Se você quer vender a casa, recorra à lei da atração. Enfatize os aspectos positivos. Faça uma lista de tudo o que você ama e valoriza na casa e concentre-se nessas qualidades. (No nível energético, qualquer pessoa que tenha ido olhar a casa captará esses pensamentos positivos.) Reconheça tudo o que o seu corretor faz por você, sem jamais fazer críticas ou reclamações, nem mesmo em silêncio, e mostre para ele que está entusiasmado com a casa. Visualize-se fazendo a mudança para a nova casa dos seus sonhos e planeje a sua vida como se ela já estivesse organizada. (O Universo *já o fez*. A sua tarefa é aceitar o presente.) Declare constantemente as razões pelas quais alguém iria adorar a casa e ficar feliz por pagar o preço que você está pedindo. Livre-se de quaisquer pensamentos negativos com um sorriso delicado. Caso você precise tomar alguma providência, como fazer uma arrumação e jogar algumas coisas fora, dar uma mão de tinta na porta da frente ou repintar a sala de estar em um tom bege claro, você receberá um impulso intuitivo de fazê-lo. (Afinal de contas, a Fonte sabe quem será o seu comprador e qual é o gosto dele!) Quando você conseguir pensar em vender a casa e tiver apenas uma sensação de alegre expectativa, você poderá relaxar. Esqueça o assunto. O seu comprador está a caminho!

Deixe-se guiar pelas emoções

Talvez a lei da atração possa parecer impessoal e indiferente. Afinal de contas, ela simplesmente nos traz aquilo em que nos concentramos, seja uma coisa positiva ou negativa. Entretanto, o cosmos também está configurado para guiá-lo na direção dos seus desejos. O cosmos não é neutro ou inerte. Este é um Universo consciente e amoroso; e ele adora você. Sim, ele o adora *pessoalmente*. Ele diz sim a tudo o que você pede, sem exceções. Peça e será dado. Além disso, ele quer entregar os seus presentes. Desse modo, mesmo quando você está pensando de um modo negativo, o Universo não para de empurrá-lo delicadamente na direção correta. Sempre que você se concentra no que você *não* quer, ou acha que há algo ruim ou errado com você (ou com qualquer outra pessoa), você recebe um sinal de aviso de que os seus pensamentos e desejos são contraditórios, que você está atrapalhando a si mesmo. Analogamente, quando os seus desejos, convicções e expectativas estão compatíveis, fazendo com que você esteja atraindo o que deseja, você recebe um *feedback* claro e positivo a respeito disso da sua Fonte de energia – como um técnico que esteja do lado de fora do campo incentivando-o. Bastante útil, não é mesmo?

Então, como obter essa orientação? Bem, o processo não é nem um pouco ardiloso ou esotérico. Você não precisa se inscrever em nada e nem pagar por ele. Não precisa de um padre, de um guru ou de um mestre. Não precisa meditar durante anos para receber essa orientação. Ela pode não ser óbvia como uma voz trovejando no céu, mas está sempre presente. *A orientação aparece por intermédio das suas emoções.* Tudo é muito simples e natural. Se você está se sentindo bem, o que você deseja está vindo na sua direção. Se você está se sentindo mal, você está atraindo o que *não* deseja. Você está se desligando de todas as coisas boas da vida. As emoções são a nossa forma primordial de orientação superior, a nossa linha de telefone direta com a Inteligência Infinita e são fundamentais para fazer com que os nossos sonhos se tornem realidade.

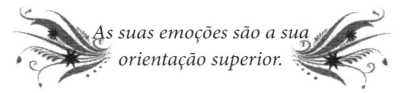

As suas emoções são a sua orientação superior.

De um modo geral, não foi isso que nos ensinaram a respeito das nossas emoções. A maioria das pessoas aprende a desprezar, reprimir, desconsiderar ou negar os sentimentos, ou a expressá-los de maneiras que tornam outras pessoas ou as circunstâncias responsáveis pelo que nos acontece. ("Você me fez ficar zangado." "Você me desapontou". "Você me magoou.") Ou nos disseram que devemos colocar os sentimentos dos outros em primeiro lugar. Ou então que devemos fingir estar felizes independentemente de como estivermos nos sentindo. As emoções têm sido associadas ao nosso lado feminino, de modo que em uma cultura dominada pelos homens, elas não são levadas a sério. Os sentimentos têm sido frequentemente encarados como meras distrações – enganadoras, duvidosas e confusas. Desconfio que isso aconteça porque no momento em que compreendemos o verdadeiro significado e propósito das emoções ficamos tão fortalecidos, que a nossa vida se modifica. À semelhança do maravilhoso segredo da lei da atração, esse conhecimento místico foi reprimido até agora.

De acordo com a nova concepção de mundo, as nossas emoções nos dizem se a energia da Fonte, ou seja, a força criativa do cosmos, está circulando livremente através de nós. Quando você está se sentindo bem, você está literalmente sentindo o fluxo da força de Deus, o que é uma sensação maravilhosa!

Sentir-se bem (em contraste com *ser* bom aos olhos dos outros) é sentir Deus. Nós nos *sentimos* bem quando vemos a vida como um presente e, por conseguinte, estamos seguindo o fluxo, ao passo que a ideia de *ser* bons é oriunda de uma mitologia baseada no medo que nos separa dessa Fonte. As suas emoções podem ser comparadas a uma escada, na qual as emoções mais elevadas estão situadas na parte de cima e as emoções mais baixas se encontram nos degraus inferiores. Quanto mais alto você está na escada, mais alegre e fortalecido você se sente e mais você segue o fluxo.

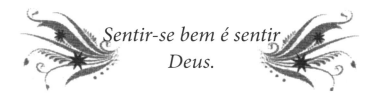

Sentir-se bem é sentir Deus.

Quando a Fonte está circulando através de você, até mesmo lavar a louça pode ser uma experiência extática. (Lembro-me de ter sido certa vez abençoada pelo brilho de uma caneca de louça branca, em meio a um arco-íris de bolhas de sabão.) Você se sente plenamente presente no momento, e o momento transmite uma sensação absolutamente maravilhosa. Você está em harmonia com o seu eu superior. Você é uma alma completamente encarnada. Mas se você estiver separado da Fonte, você pode estar caminhando por uma belíssima paisagem, fazendo amor, abraçando o seu filho, mas de algum modo nada disso consegue *chegar* até você. Você não é capaz de realmente desfrutar e apreciar a experiência. Você apenas faz as coisas de uma maneira superficial e rotineira. É como se você estivesse vivendo a vida à distância, e você se sente estranhamente vazio e dissociado. (Na realidade, algumas pessoas estão tão habitualmente separadas da

Fonte que se envolvem em atividades que colocam em risco a sua vida, ou atraem repetidamente para si situações melodramáticas, para poder se sentir vivas.)

Quando você acompanha plenamente o fluxo, você se sente alegre, arrebatado, entusiasmado, inspirado, alegre, agradecido e reconhecido. Quando você se sente bem, a energia do Amor está fluindo através de você. Você ama incondicionalmente todo mundo e todas as coisas, inclusive a si mesmo. Você sabe que pode ter, fazer ou ser qualquer coisa que deseje. Você se sente vibrantemente vivo e presente no momento. Você se sente cheio de vida e energia. Você está em contato com o seu conhecimento intuitivo e é capaz de confiar em qualquer impulso interior que você possa ter de agir de alguma maneira, sabendo que o momento será perfeito. Na sua melhor forma, seguir o fluxo transmite uma sensação extremamente agradável. (E fazer amor, na sua melhor forma, é uma maneira fabulosa de entrar em contato com a Fonte de energia e com o sentimento de unidade.)

Você receberá os seus próprios sinais de que está seguindo o fluxo, e vale a pena registrar quais eles são. Quando estou seguindo o fluxo, os meus dedos do pé se contorcem felizes, eu sorrio e rio por qualquer coisa, enxergo a beleza em tudo e em todos, sou intensamente sensual, aproximo-me das pessoas com o coração aberto, fico mais relaxada, leio mais poesia, passo mais tempo ao ar livre, sinto-me alegre e despreocupada, sou mais criativa e me pego cantando e dançando sem motivo. Em resumo, adoro a vida!

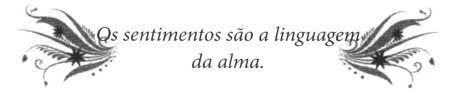

Os sentimentos são a linguagem da alma.

Se você estiver bem conectado à energia da Fonte, mesmo que ela não esteja no auge, você tende a se sentir tranquilo, satisfeito, calmo, paciente, esperançoso ou, quem sabe, até mesmo otimista. Uma quantidade um pouco menor de energia está circulando através de você, mas a vida é agradável. Você se sente relaxado e tolerante. Quanto mais você se desliga do fluxo – por meio da negatividade, do medo ou da crítica – pior você se sente. Se você estiver levemente desconectado, poderá se sentir entediado ou pessimista. Se se desli-

Os sentimentos são importantes 53

Amor, alegria, paixão, confiança, gratidão, entusiasmo, clareza, liberdade, sabedoria intuitiva, autonomia

Felicidade, otimismo

Esperança, satisfação

Pessimismo, tédio

Frustração, irritação, impaciência

Opressão, preocupação, desapontamento, dúvida

Recriminação, raiva, controle, superioridade moral

Ódio, fúria, inveja, ciúme, obsessão

Culpa, insegurança, sentimento de desmerecimento, abnegação, sentimento de estar encurralado ou controlado

Medo, pesar, depressão, impotência, desespero

Vibrações mais elevadas ↑

↓ Maior resistência

A Escada Emocional

gar um pouco mais, poderá ficar irritado, impaciente ou frustrado. Se ficar remoendo o que é ruim, o que está errado ou está faltando, você acabará começando a se sentir oprimido, desapontado, preocupado ou aflito. Se você ficar ainda mais desconectado, poderá se sentir zangado, ressentido, moralmente superior ou ainda culpar os outros pelas coisas que acontecem. À medida que você se desliga ainda mais do fluxo, passa a ficar ciumento, controlador, desconfiado, competitivo ou obsessivo, ou raivoso e vingativo – ou pode ainda se mostrar estoico e resignado. E caso tenha assumido uma posição fortemente contrária ao fluxo, você poderá se sentir culpado, inseguro, solitário e abnegado. Na pior das hipóteses, você poderá se sentir amedrontado, pesaroso, deprimido, inútil ou desesperado. Você se sente encurralado e aprisionado, incapaz de enxergar uma saída. A partir desse ponto, você poderá até mesmo ter pensamentos suicidas (já que a morte é a maneira suprema de nos religarmos à Fonte). Você está na parte mais baixa da sua escada emocional. Você se sente *mal*.[13]

A resistência é uma energia contraditória, ou seja, uma energia que circula na direção contrária ao fluxo natural da Fonte. É uma energia conflituosa. Significa que os seus desejos e intenções não estão em harmonia com as suas convicções e expectativas, ou você está alimentando pensamentos destituídos de amor. Você está escutando a voz do medo ou da crítica, estando, portanto, em conflito com o seu eu superior. Você está se desligando do amor incondicional e dizendo não aos presentes do Universo.

Como disse a neurocientista Candace Pert, as emoções são o vínculo físico entre a matéria e o espírito, e ela oferece o conhecimento científico para respaldar essa afirmação.[14] As emoções indicam mudanças nos nossos hormônios e nos processos químicos que ocorrem no cérebro e no sistema nervoso de um modo geral, que estão associadas a modificações cruciais na consciência. As suas emoções não *criam* a sua realidade, mas efetivamente indicam o que você está atraindo atualmente. O nosso estado natural é a alegria e a bem-aventurança, e a resistência significa que você não está seguindo o fluxo, o que lhe é comunicado por meio das emoções negativas. Quanto mais intensa a resistência, pior você se sente. As suas emoções são como sinais de trânsito. Qualquer emoção positiva é um sinal verde que diz "Sim! Você está avançando em direção aos seus desejos. Siga em frente!" Um leve mal-estar ou frustração é um sinal amarelo; você está na terra de ninguém, emitindo sinais contraditórios, nem avançando em direção aos seus desejos e tampouco se afastando deles. A emoção negativa é um sinal vermelho de advertência: "Pare, você está indo na direção errada. Faça o retorno".

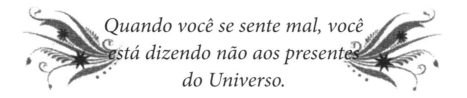

Quando você se sente mal, você está dizendo não aos presentes do Universo.

Você nunca está sozinho, nem mesmo nos seus momentos mais sombrios. Se você sentir qualquer emoção negativa ou mal-estar, a Fonte está falando com você. Os sentimentos são a linguagem da alma. O amor está sempre presente, de momento a momento, fazendo um apelo para que você restabeleça a sua conexão, dando a mão para você e sussurrando suavemente no seu ouvido. *Você só pode se sentir mal se o Universo estiver tentando ajudá-lo.* Ele o está prevenindo de que os seus pensamentos atuais estão provocando um curto-circuito no seu fluxo de energia. Você está se desligando do Amor. Está voltando as costas para os seus sonhos. Está na hora de dar meia-volta. Está na hora de despertar. Qualquer pensamento que lhe transmita algum mal-estar não está em harmonia com quem você realmente é e nem com os seus desejos. Ele é proveniente de uma parte medrosa sua, que está fazendo o melhor que pode a partir da perspectiva limitada e dividida dela, mas que não consegue pensar como o Universo.

Se você passar o tempo todo deixando de dar atenção às emoções negativas, a sua resistência poderá se transformar em ansiedade crônica, depressão ou sintomas físicos, bem como se manifestar no mundo exterior em situações que não irão lhe agradar nem um pouco. (Você recebe uma conta inesperada, o seu chefe grita com você, a máquina de lavar inunda a sua lavanderia, você recebe uma multa por excesso de velocidade – ou coisas ainda mais desagradáveis.) Depois, você se sente pior ainda. Desse modo, a não ser que você deseje que a sua vida fique bloqueada ou seja dolorosa, a sua tarefa é liberar qualquer resistência. A sua incumbência é usar os seus sentimentos para entrar no fluxo.

Se você acompanhar o fluxo, tudo o que você desejar virá a você, pois foi assim que o Universo foi concebido. Você não precisa rotular as emoções; precisa apenas saber se o faz sentir-se bem. As suas emoções indicam as suas vibrações atuais. Sentir-se mal indica vibrações baixas – ou uma resistência elevada – o que significa que você está atrapalhando a si mesmo. Sentir-se bem indica vibrações elevadas – baixa resistência – o que quer dizer que você está permitindo que o Universo entregue os presentes dele para você. É simples assim. (E não existem limites para a alegria e o arrebatamento. Por mais que você esteja se sentindo bem, você pode se sentir ainda melhor, o que significa que você aproveita ainda mais a vida e atrai um número ainda maior de milagres.)

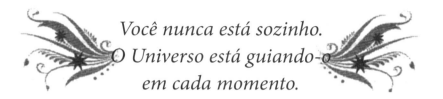

*Você nunca está sozinho.
O Universo está guiando-o
em cada momento.*

A melhor metáfora que já encontrei para a orientação emocional é a navegação por satélite.[15] Se você pedir ao sistema de navegação por satélite de um carro para guiá-lo em direção a um destino escolhido, ele lhe fornecerá instruções específicas a cada curva. Ele simplesmente registra onde você está neste momento e onde você deseja estar, e calcula o melhor trajeto. Ele não questiona se o destino que você escolheu é desejável, se você tem *permissão* para ir até lá ou se alguma outra pessoa *quer* que você vá para lá. Ele nunca diz que não pode chegar ao seu destino partindo de onde você está. Ele não pergunta onde você estava na semana passada, na sua infância (ou até mesmo em uma vida passada), para traçar a sua rota. Ele simplesmente assinala onde você está e onde você deseja estar – e o conduz em direção ao seu destino. Se você faz um desvio ou pega um caminho errado, o sistema lhe dá novas instruções para que você possa voltar ao trajeto anterior ou recalcula a sua rota, sem nenhum problema. E a sua orientação emocional funciona exatamente da mesma maneira. Ela identifica com precisão onde você está e onde você deseja estar e, em seguida, lhe dá instruções, passo a passo, para que você chegue ao seu destino. De pensamento em pensamento. De momento a momento. E se você apenas se concentrar em *se sentir bem* – em seguir a sua orientação emocional, em vez de ficar atento à orientação de outra pessoa ou de outro lugar – você chegará ao destino que escolheu. (Mas você precisa dizer à sua orientação emocional aonde você quer ir, caso contrário nada acontecerá!)

Como se tornar um cocriador consciente

Os princípios da criação da realidade são simples:

- ✧ Peça e será atendido.

- ✧ Nada tem o poder de bloqueá-lo, a não ser a *sua* resistência.

- ✧ Você recebe aquilo em que se concentra.

- ✧ Use os seus sentimentos para entrar no fluxo.

- ✧ Quando você estiver seguindo o fluxo, os seus sonhos se tornarão realidade.

Colocar em prática esses princípios é mais complicado, mas somente porque ainda estamos nos debatendo na antiga mentalidade do amor condicional. Nos nossos antigos hábitos de pensamento. No mundo do medo e do complexo de vítima. A partir da antiga mitologia infantil que encara a vida como uma provação, você poderá imaginar que Deus terá pena de você se você for suficientemente miserável, tiver trabalhado arduamente ou sofrido e se sacrificado o bastante. Você espera se sentir bem depois que um problema for resolvido, ou se você tiver o que deseja ou as outras pessoas ou as circunstâncias se modificarem. Mas isso é amor condicional. A realidade não funciona dessa maneira. Você é um cocriador com o cosmos. (É por esse motivo que qualquer prece proveniente de uma fé e confiança completas será atendida, em virtude da lei da atração. Igualmente, qualquer prece oriunda de um sentimento de carência, medo ou desespero não poderá ser atendida.) O Universo oferece orientação emocional para que você possa intuitivamente encontrar o caminho de volta ao fluxo, mas ele não pode lhe enviar condições novas e felizes se você estiver tendo os mesmos antigos pensamentos de medo, de culpa, de desespero ou de ressentimento. Nada mudará enquanto você não mudar.

A partir da nova concepção de mundo, o paradoxo é que você precisa *primeiro* mudar a maneira como você pensa e sente. Você tem que confiar na sua orientação emocional, certo de que se estiver se sentindo bem, os seus presentes estarão a caminho. Você precisa amar e respeitar a si mesmo, aceitar o seu ponto de partida e se concentrar no que você quer a partir daqui. À medida que você penetra cada vez mais na nova concepção do mundo, baseada no amor incondicional e no fortalecimento, você se torna invencível. Você está pensando como o Universo. Você se torna então um deus ou uma deusa capaz de transformar chumbo em ouro.

Não obstante, é importante ser paciente. A realidade demora um pouco para alcançar as suas vibrações – graças ao proveitoso escudo do tempo. Você precisa alimentar novos desejos, convicções e expectativas durante algum tempo para que a realidade se adapte a eles. A sua energia necessita ficar estável e coerente, como um raio *laser*. Se você ficar o tempo todo oscilando entre pensamentos positivos e negativos a respeito de um desejo, você retardará a manifestação dele, ou poderá criar o que deseja e depois perdê-lo. Presenciamos isso no caso das pessoas que atingem o estrelato, tornando-se celebridades, e logo depois desaparecem rapidamente na obscuridade; no caso da pessoa que ganha na loteria, esbanja todo o dinheiro e depois vai à falência; ou no caso da mulher que encontra o parceiro dos seus sonhos e em seguida ele morre ou a abandona.

O desejo intenso e exaltado pode lhe trazer o que você deseja – mas se você disser a si mesmo que isso é "bom demais para ser verdade", que você não é bom o suficiente ou que não o merece, não conseguirá reter o seu sonho. O ideal é que você estabilize as suas vibrações *antes* que o seu desejo se torne realidade, alimentando convicções e expectativas positivas, abandonando qualquer tipo de resistência e, *lentamente,* usando os seus sentimentos para entrar no fluxo. É por esse motivo que a paciência é uma virtude! Depois, quando o seu sonho efetivamente se tornar realidade, ele parecerá natural e exatamente aquilo que era de se esperar. Ele se harmonizará perfeitamente com as suas novas vibrações. (E como você precisa dirigir a atenção para *alguma coisa,* a coisa mais sensata que você tem a fazer é se concentrar nos seus sonhos e desejos, bem como nas coisas que valoriza. Quando não temos uma ênfase positiva e criativa, temos a tendência de ruminar problemas, doenças e más notícias.)

> *Se você disser a si mesmo que é bom demais para ser verdade, é exatamente isso que será!*

Se você for capaz de pensar a respeito de qualquer assunto e sistematicamente se sentir maravilhosamente bem, o seu sonho está a caminho. Garanto o que estou dizendo. Você pode fazer um teste decisivo sobre qualquer tema voltando a sua atenção para ele. Pense a respeito do dinheiro na sua vida, por exemplo. Isso faz com que você se sinta feliz, poderoso, animado e livre – ou simplesmente relaxado e em paz? Se for este o caso, você pode ter certeza de que seja qual for o seu desejo financeiro, ele está a caminho – ou que o estado saudável das suas finanças é estável. Entretanto, se a palavra "dinheiro" o faz se sentir ansioso, desanimado, encurralado, deprimido, culpado, resignado, invejoso, irritado, frustrado ou fora de controle, a sua orientação emocional o está advertindo de que os seus pensamentos habituais a respeito de dinheiro o estão afastando daquilo que você deseja. Você foi avisado! O dinheiro é apenas energia, e esta última é ilimitada. A única questão é a liberdade que você concede à energia que chamamos dinheiro de afluir para a sua vida. O fluxo de dinheiro refletirá perfeitamente os seus sentimentos e convicções a respeito dele.

A melhor notícia é que como vivemos em uma realidade baseada na energia, você só precisa mudar os seus pensamentos para começar a atrair novas realidades. Você não depende de que alguém ou alguma coisa "lá fora" mude. Você talvez imagine que o seu futuro depende da aprovação da equipe que o entrevistou para o novo emprego, de o médico lhe dar um atestado de saúde em perfeitas condições, de o gerente do banco conceder o empréstimo comercial ou liberar a hipoteca da casa, ou até mesmo de você ganhar na loteria – mas todas essas circunstâncias dependem inteiramente de *você*. Dos seus pensamentos. Das suas vibrações. Do fato de você ser capaz de harmonizar os seus desejos com as suas convicções e expectativas. A vida é sempre uma dança de criação conjunta, de modo que ninguém pode "fazer" alguma coisa a você. É você que atrai tudo que se aproxima de você.

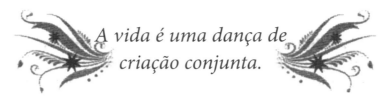
A vida é uma dança de criação conjunta.

Uma advertência: ganhar na loteria é um salto quântico excessivo na escada emocional da maioria das pessoas. Você só pode elevar as suas vibrações um ou dois degraus de cada vez, motivo pelo qual usar afirmações joviais é uma perda de tempo enquanto você estiver emperrado no medo, na culpa ou na depressão. Ameaçar Deus, o cosmos, o seu chefe ou parceiro com o punho em riste – ou atirar no outro lado da sala aquele irritante livro de afirmações – talvez funcione melhor! Se você estiver perto do degrau mais baixo da escada, a alegria está tão distante das suas vibrações atuais que equivale a tentar alcançar a Lua, e as pessoas felizes que saltitam alegres ao seu redor, lépidas e fagueiras, tendem a parecer irritantes em vez de edificantes.

Além disso, poucas pessoas podem efetivamente *acreditar* que vai ganhar na loteria, já que a mente racional não para de jogar em cima de nós as improváveis estatísticas! É bem mais eficaz irradiar um desejo de prosperidade e depois pedir ao Universo que descubra uma maneira de satisfazê-lo. Nesse meio-tempo, comece a usar os seus *sentimentos* para se tornar próspero. Passe o seu tempo ao lado de pessoas ricas. Leia a respeito dos ricos e famosos, e imagine-se no lugar deles. Concentre-se em todas as razões positivas pelas quais você deseja mais dinheiro. Sinta-se grato pelo dinheiro que você tem. Livre-se de quaisquer sentimentos de inveja ou ressentimento, de se sentir encurralado pela sua baixa renda, ou de qualquer convicção de que você tem menos e outros têm mais. Até onde for possível, não faça nada "apenas pelo dinheiro", pois isso reforça a sua crença na escassez e na falta. Abandone quaisquer ideias negativas a respeito do dinheiro ou da riqueza – e a mitologia que considera a vida uma provação está repleta delas – até que você consiga pensar a respeito do dinheiro e se sentir maravilhosamente bem! O dinheiro é apenas energia e, como tal, é ilimitado. E ele pode vir para você de muitas maneiras diferentes – desde que você não esteja emitindo sinais contraditórios.

Analogamente, se você deseja encontrar a sua alma gêmea, não se limite pedindo para ter um relacionamento com uma pessoa *específica*, embora seja aceitável imaginar-se com alguém particular e, em seguida, dizer: "Eu adoraria estar com essa pessoa pelas seguintes razões, *ou com alguém como ela!*" Deixe sempre a cargo da Inteligência Infinita, que conhece intimamente todo mundo que vive no planeta e enxerga todos os futuros possíveis, estabelecer as circunstâncias e os eventos necessários. Depois que estiver seguindo o fluxo, você dará consigo no lugar certo, no momento certo e com a pessoa certa. Esta poderá ser ou não aquela que você esperava. É aqui que entra a confiança e você se desfaz do controle. Nunca tente fazer com que o Universo se defina! Ele sabe infinitamente mais do que você.

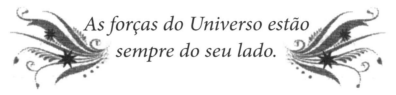

As forças do Universo estão sempre do seu lado.

Tudo o que você experimenta é proveniente das suas vibrações, que são indicadas pelas suas emoções. Depois que você compreender o verdadeiro propósito das suas emoções, você nunca mais irá tolerar ou negar as emoções negativas, e tampouco as esmagará com comida, trabalho, exercícios ou um excesso de tarefas. Você ficará agradavelmente sensível a qualquer sinal de tensão, àquela pontada ou mal-estar no plexo solar, àquela ansiedade, culpa ou ressentimento, ou sentimento de limitação ou de desânimo, e tomará uma medida corretiva; e você não fará isso tentando controlar as outras pessoas, os eventos ou as circunstâncias, e sim mudando o seu mundo *interior.*

> Quero explicar a diferença entre o amor condicional e o amor incondicional, já que ela é fundamental para a criação da realidade. (Bem como para a nossa felicidade e liberdade.) O amor condicional diz o seguinte: "Serei feliz desde que eu desfrute o que estou vendo ou experimentando". Se você se sentir mal, o amor condicional desejará controlar e manipular outras pessoas ou circunstâncias para que você se sinta melhor. Isso

nunca funciona, porque o que você vê "lá fora" (ou mesmo no seu corpo) simplesmente está de acordo com as suas vibrações; é o *feedback* sobre os sinais de rádio que você está enviando. Eis o que diz o amor incondicional: "A minha felicidade é minha responsabilidade e vou me modificar em vez de tentar controlar as outras pessoas ou os acontecimentos". Depois as circunstâncias externas mudarão – ou você talvez as encare de um modo diferente ou flua sem esforço em direção a novas decisões, relacionamentos ou circunstâncias – já que as suas vibrações mudaram.

O paradoxo é que se você se modificar a fim de mudar as outras pessoas ou o mundo, o seu amor ainda será condicional. Você continuará a ser manipulador. Você precisa mudar porque o mais importante é você entrar em sintonia com a Fonte, porque, acima de tudo, você deseja pensar como o seu eu superior. Em seguida, nada será capaz de perturbá-lo, pelo menos não por muito tempo, já que você estará no controle da sua própria felicidade. Você será então verdadeiramente livre. A sua felicidade não depende mais das outras pessoas ou circunstâncias, e você para completamente de responsabilizar os outros pelo que lhe acontece.

A minha felicidade é minha responsabilidade. Ninguém é responsável por nada que me acontece.

Independentemente do que acontecer, você pode escolher pensamentos negativos, críticos e debilitantes baseados no amor condicional, como "Isto arruinou a minha vida", "Como ela pôde fazer isso comigo?", "O meu comportamento foi imperdoável", "Ele me traiu", "Fui um completo idiota". Ou então pode escolher pensamentos positivos, amorosos e fortalecedores: "Aprendi muito com o ocorrido, e agora posso seguir adiante", "Ela refletiu perfeitamente as minhas convicções", "Compreendo por que me comportei daquela maneira", "Entendo por que ele se comportou daquela maneira". Mesmo quando o acontecimento não tem tanta importância, como chegar atrasado a um compromisso, escolha pensamentos amorosos e reconfortantes em vez de culpar uma outra pessoa, ou (o que é ainda pior) repreender a si mesmo! É fundamental que você compreenda que isso não está "apenas" fazendo você se sentir melhor. A questão é que nada é mais importante do que a maneira como você se sente. Sentir-se melhor significa que você está atraindo um futuro diferente. Quando você vive no mundo do Amor, você não apenas se sente magnífico; você atrai qualquer coisa que deseje. A vida se torna cada vez melhor.

Quando você se encontra no mundo do amor incondicional, você também *interpreta* os acontecimentos de um modo diferente. Nada é capaz de ameaçá-lo. Se uma pessoa faz um comentário crítico, este simplesmente entra por um ouvido e sai pelo outro, já que não existe nada a que ela possa se agarrar; você simplesmente pensa o seguinte: "Essa pessoa provavelmente está tendo um mau dia". Quando um amigo não telefona como combinado, você poderá pensar: "Ele deve estar ocupado, ou simplesmente se esqueceu. Não tem problema". No entanto, quando você está se sentindo infeliz, tem uma tendência maior a fazer tempestade em copo d'água. "Talvez ele tenha sofrido um acidente." "Talvez eu o tenha aborrecido." "Ele provavelmente nunca gostou de mim." "Aposto como nunca mais falará comigo." Quando as suas vibrações estão baixas, você é capaz de deturpar e distorcer praticamente qualquer evento, e escolher a pior interpretação possível. O comentário mais inocente o fere como uma faca afiada. Você reage exageradamente às críticas ou recusas mais suaves. Você leva tudo para o lado pessoal. Faz comentários violentos que deixam os outros confusos. Desconfia que uma pontada de dor na sua cabeça é um tumor no cérebro. Faz uma montanha de todos os montículos de areia que encontra. As outras pessoas reagem então à sua negatividade, e você traz à tona o pior que existe nelas, ou então elas pisam em ovos quando estão ao seu lado ou tentam evitá-lo. Você é capturado em uma espiral descendente, e qualquer medida que você tome nesse estado será autodestrutiva – *enquanto* você não prestar atenção à sua orientação emocional.

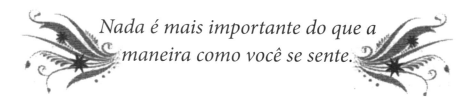

Nada é mais importante do que a maneira como você se sente.

Galgando a escada emocional

Então, como encontrar seu caminho em direção ao fluxo? Acreditando em um Universo baseado no amor incondicional, no qual você não precisa conquistar ou merecer o amor, ou qualquer outra coisa que você deseje. Sabendo que a vida é um presente do Universo. Amando e dando valor a tudo que é bom na sua vida. Enxergando tudo e todo mundo de uma maneira positiva. Amando e dando valor a si mesmo. Fazendo as pazes com o Que Existe, com as coisas como elas são, e contando a si mesmo histórias positivas a respeito delas. Tranquilizando e aceitando a si mesmo quando você está fora do fluxo. Dando a si mesmo permissão para ser humano, e rindo mais. Parando de se esforçar tanto. Não se comparando com os outros. Estimulando e se importando consigo mesmo. Sendo brincalhão e se divertindo. Escolhendo ser feliz em vez de tentando ser bom. Seguindo a sua felicidade. Expandindo-se com amor. Meditando (o que libera a resistência). Acreditando nos seus sonhos. Devaneando satisfeito a respeito do que você deseja. Deixando de ser responsável por tudo e tratando a vida como umas férias. Permanecendo calmo, relaxando mais e respirando profundamente. Escolhendo pensamentos e recordações que o façam sentir-se bem. Fazendo cada vez menos as coisas que você "precisa", "tem obrigação" ou "deveria" fazer, e cada vez mais aquilo que faz o seu coração cantar e o seu espírito dançar. Acima de tudo, confiando na sua orientação emocional, ciente de que nada é mais importante do que você se sentir bem.

Imagino a escada emocional com a forma de um leque – estreita embaixo e larga em cima – já que essa é a impressão que ela passa. Quando você está na parte inferior da escada, você tem a impressão de que está preso em um armário de vassouras. Você se sente encurralado e bloqueado, e os seus pensamentos são limitados e repetitivos. É uma sensação de compressão e claustrofobia. À medida que você vai pouco a pouco subindo, passa a se sentir cada vez mais expansivo e livre, como se estivesse entrando em aposentos mais iluminados e espaçosos e, em seguida, deslizando para os jardins e (perto do topo) para o alento do cosmos. Você enxerga uma imagem cada vez maior. Os seus sonhos e as suas visões se expandem.

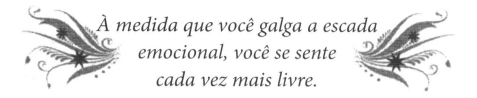

À medida que você galga a escada emocional, você se sente cada vez mais livre.

Por sorte, você não precisa chegar ao topo da escada emocional enquanto não se sentir bem. Assim que começa a avançar na direção certa, você se sente melhor. Livrar-se da resistência sempre confere uma sensação de alívio. A escolha de um pensamento que se encontra em uma posição *levemente* mais elevada na escada emocional possibilita que mais energia flua através de você. Você consegue respirar mais profundamente. Você relaxa e se acalma um pouco. Sente-se liberado. Para de resistir ao fluxo.

A RAIVA E A ESCADA EMOCIONAL

Lembro-me de um seminário xamanista do qual participei há muitos anos, no qual nos era solicitado que expressássemos qualquer raiva não resolvida. Muitas pessoas estavam espancando almofadas, berrando imprecações para parentes havia muito falecidos, gritando furiosas – e claramente se sentindo liberadas com o que estavam fazendo. Entretanto, na ocasião, as minhas emoções estavam flutuando entre a alegria e o otimismo, de modo que procurar a raiva teria baixado as minhas vibrações. Ao lado de algumas outras pessoas, permaneci, constrangida, no canto da sala, incapaz de participar do exercício. Se na época eu estivesse me sentindo enfraquecida, a raiva talvez tivesse me transmitido uma sensação positiva e me energizado.

O fato de qualquer emoção parecer benéfica está sempre relacionado com o seu ponto de partida. Se você, digamos, estiver se sentindo esperançoso, a raiva tornaria as suas vibrações mais baixas e você se sentiria mal. No entanto, se você estiver sentindo vergonha, culpa, medo, desamparo ou desespero, o sentimento da raiva o aproxima mais do Amor. Ela liberará a resistência e lhe transmitirá uma sensação agradável. Eu sempre brinco dizendo que se você, por acaso, tiver que escolher entre culpar a si mesmo e culpar outra pessoa, escolha sempre culpar outra pessoa! Apenas por enquanto. Sempre que você se sentir culpado ou debilitado, sentir raiva ou culpar os outros é uma boa escolha temporária nesse estado, e você sabe que é, porque esse sentimento faz com que você *se sinta melhor*. É um avanço em direção ao autorrespeito e ao fortalecimento. É um passo no rumo certo. (O motivo pelo qual os pensamentos de vergonha ou culpa fazem você se sentir tão mal é o fato de estarem a milhões de quilômetros de distância do modo de pensar do seu eu superior, já que ele o ama incondicionalmente e nunca enxerga nenhuma falha, imperfeição ou transgressão.)

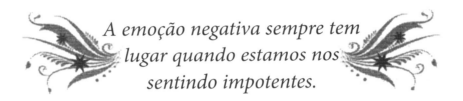

A emoção negativa sempre tem lugar quando estamos nos sentindo impotentes.

Com demasiada frequência, as pessoas deslizam da raiva de volta para a culpa ou a depressão. Se você estiver se sentindo zangado ou ressentido e em seguida disser para si mesmo que é ruim ou errado sentir raiva – que as pessoas desagradáveis ficam zangadas enquanto as pessoas boazinhas se sentem culpadas, ou que você cria a sua própria realidade, de modo que tudo é "culpa" sua – você despencará novamente escada abaixo. Ou então os outros podem reagir à sua raiva com críticas ou então ficar na defensiva, o que faz com que você se sinta envergonhado e culpado. Você se sente pior. Em seguida você lembra a si mesmo que eles *efetivamente* o magoaram, e você é novamente dominado pela raiva. Você pode então alternar indefinidamente entre a raiva/crítica e a culpa/impotência em uma espiral exaustiva, julgando a si mesmo ou julgando os outros. Algumas pessoas fazem isso anos a fio!

Existe uma alternativa para ficar girando em círculos na base da escada emocional. Você pode desfrutar o alívio de ficar zangado durante algum tempo e depois continuar a seguir o fluxo *além da raiva*, observando quais os pensamentos que lhe transmitem uma sensação mais agradável a partir desse ponto. Depois, você pode subir um pouco mais a escada, indo da raiva para a frustração ou irritação. À medida que você galga mais degraus da escada, consegue enxergar mais longe e obtém uma perspectiva mais ampla. Você deixa de lado o julgamento. A partir desse ponto, você talvez seja capaz de enxergar o lado engraçado da situação, ou encontrar alguns pensamentos esperançosos ou ideias proveitosas, como entender de que maneira você criou o que está acontecendo por intermédio da lei da atração. (Sem se recriminar por isso, e sim com um sentimento de curiosidade e satisfação.) Ou escutando a outra pessoa e compreendendo que ela simplesmente tem necessidades ou valores diferentes dos seus, ou que estava se sentindo magoada ou confusa, e estava se comportando de uma maneira inadequada a partir da perspectiva *dela*. Afinal de contas, todas as pessoas, no fundo, são boas e amorosas. Quando você encontra esses pensamentos, você está pensando como o Universo. Você dá consigo sorrindo. Você está se tornando o seu eu superior. O sol está brilhando.

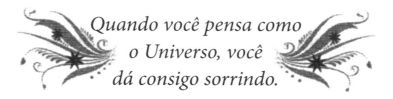

Quando você pensa como o Universo, você dá consigo sorrindo.

Apaixone-se pela vida

Paradoxalmente, quando você é suficientemente egocêntrico, no bom sentido, para seguir a sua orientação emocional, você se torna cada vez mais bondoso e amoroso. Por quê? Em primeiro lugar, porque você está se retirando do mundo do medo e da crítica, e ascendendo para o mundo do amor incondicional. Você vê tudo e todos através de olhos cor-de-rosa. Você se apaixona pela vida. Segundo, porque quando você se valoriza o suficiente para respeitar as suas emoções e necessidades, você se torna muito mais engenhoso. Você doa para os outros a partir de uma xícara cheia, em vez de se esforçar para fazê-lo a partir de uma xícara que está praticamente vazia. Aqueles que dão a partir de um sentimento de desmerecimento ou insegurança, que tentam *conquistar* o amor e a aprovação, tendem a ficar deprimidos, ressentidos e exaustos. Quando você dá porque está transbordando de amor e felicidade, você nunca se sente exaurido, já que está constantemente se reabastecendo. A sua xícara está sempre cheia. Você está conectado à energia da Fonte. Você tem muito mais para dar e também está aberto a receber. Você se sente seguro, respeitável e confiante. O cosmos pode então despejar seus presentes sobre você.

Ontem à noite, quando pus o meu maravilhoso filho na cama, ele levantou os olhos e disse: "Eu te amo muito. A vida é cheia de felicidade. Eu amo *tudo* a respeito da minha vida". Que exemplo maravilhoso de seguir o fluxo! Amor, reconhecimento e aceitação do Que Existe. Uma vez que se encontra no fluxo, você praticamente não se importa se os seus sonhos e desejos atuais se tornarão realidade, pois você já está se sentindo maravilhosamente bem! A vida é magnífica, e apenas fica cada vez melhor. E depois de se sentir sistematicamente no fluxo durante algum tempo, você sabe que está em harmonia com a Fonte – e pode acreditar que os seus sonhos *estão* a caminho. Isso é garantido.

Apenas para você

SEJA O SEU MELHOR AMIGO

Quer você esteja refletindo a respeito de uma importante decisão ou simplesmente decidindo o que fazer hoje, experimente fazer a si mesmo a seguinte pergunta: Se eu me amasse incondicionalmente, o que eu faria neste momento? Se eu soubesse que poderia confiar nos meus sentimentos e desejos, o que eu faria? Se eu soubesse que eu estava em segurança e era amado, o que eu faria? Se eu soubesse que nada havia a temer, o que eu escolheria? Se eu não desse atenção às necessidades ou opiniões dos outros, o que eu faria? Se eu me permitisse ser livre e extravagante, qual seria a minha escolha? Essas são perguntas que o ajudam a se livrar do medo ou das críticas, e usar os seus sentimentos para entrar no fluxo. Você está então livre para ser quem você realmente é. (Escrever regularmente em um diário íntimo os seus sentimentos mais profundos, as suas ponderações e as suas reflexões pode ajudá-lo a permanecer em contato com o seu eu autêntico – o eu mais profundo que reside além do seu eu socialmente condicionado, ou do que os outros esperam de você.) Se você perceber a voz importuna da ansiedade, da culpa ou da insegurança, imagine-se colocando os braços em volta desse eu infantil e garantindo-lhe que ele está em segurança e é amado.

SIGA A SUA FELICIDADE

Torne-se sensível à maneira como se sente – às suas vibrações – quando você se concentrar em qualquer assunto, ou quando estiver lidando com as coisas do dia a dia. Como está se sentindo neste momento? E agora? E agora? Onde você se colocaria na sua escada emocional? Se você notar algum declínio nas suas emoções, não se recrimine por isso. Aceite-o, caso contrário permanecerá bloqueado. Ame a si mesmo independentemente do que possa acontecer. Observe que pensamentos fizeram com que você descesse um ou dois degraus e depois descubra uma maneira de subir suavemente de volta. Relaxe. Siga a sua felicidade. Escolha pensamentos mais positivos. Leia um livro inspirador. Aprecie as coisas que o cercam. Sonhe acordado. Dance. Ria. Afague o seu gato. Abrace o seu parceiro. Faça amor. Saia para fazer jogging. *Dê um passeio ao ar livre. Ou então extravase silenciosamente a sua raiva contra alguém, se isso o fizer se sentir bem neste momento! Faça o que for preciso para encontrar a gloriosa sensação de alívio que tem lugar quando você usa os seus sentimentos para entrar no fluxo.*

Prepare uma Lista da Felicidade de atividades que fazem você se sentir bem, para que você tenha à mão uma lista que possa consultar. Não deixe de dar prioridade todos os dias ao que está na lista – e use a Lista da Felicidade sempre que sentir que se afastou do fluxo. Lembre-se de que nada é mais importante do que se sentir bem.

Capítulo 4

A voz interior do amor

O amor nada tem a ver com sacrifício.
Paul Ferrini[16]

Quando o meu filho era mais jovem, eu lia frequentemente para ele na hora de dormir uma história a respeito de três lobinhos e um grande porco mau. Antes de os lobinhos saírem de casa, a mãe deles os avisou sobre o porco mau. Desse modo, eles construíram uma casa de tijolos para se proteger do porco. Quando o porco mau derrubou a casa com uma marreta, os lobinhos construíram uma casa ainda mais forte feita de concreto. O porco usou uma furadeira de ar comprimido para entrar. Os lobinhos assustados se protegeram então em uma casa cinzenta e sombria construída com chapas blindadas, barras de ferro e cadeados, cercada de arame farpado. No entanto, o porco explodiu *essa casa* com dinamite. No final, os lobinhos compreenderam que deviam estar seguindo na direção errada, de modo que construíram a casa seguinte com flores e galhos finos e delicados. A casa era frágil mas muito bonita. Lá veio o grande porco mau, que cheirou as flores belas e perfumadas. Ele inspirou profundamente. O seu coração se abriu e ele começou a dançar feliz. Os lobinhos e o porco se tornaram amigos e viveram felizes para sempre.[17]

Esta história é uma metáfora para a atual jornada da humanidade através de um medo e de uma separação cada vez maiores, até que acordemos e mudemos para o amor incondicional e a unidade. À semelhança dos lobinhos, você não conseguirá se sentir em segurança enquanto viver no medo, por mais que tente se proteger. Você apenas provará a si mesmo que os seus receios eram justificados, já que as vibrações baixas atraem experiências negativas. Se você se concentrar no que é ruim, errado ou perigoso, você efetivamente *criará* grandes porcos maus ou lobos maus! Se ouvir a sua mãe medrosa e protetora, você adquirirá hábitos de pensamento medrosos. Una-se com alguém contra um "inimigo" comum, e isso o manterá aprisionado no medo e na insegurança. É somente quando você *baixa* a guarda que você encontra a verdadeira segurança e a paz interior. Você transcende o mundo da dualidade – o mundo do bem e do mal, do certo e do errado, do seguro e do perigoso – e se conecta ao amor natural e à bondade do cosmos.

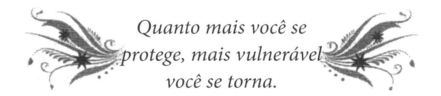

Quanto mais você se protege, mais vulnerável você se torna.

"Mas existem perigos no mundo!" você poderá protestar. "Existem grandes lobos maus, bombas e terroristas, assassinos e assaltantes, e pessoas inescrupulosas (...)" Mas você não terá contato com eles quando estiver no fluxo. O fluxo jamais o levaria para perto deles. "Mas e se eu entender errado? E se eu não estiver no fluxo? Preciso ficar alerta por via das dúvidas!" Mas essa voz de ansiedade e desconfiança imediatamente o retira do fluxo. Se você está se protegendo, você está se separando do amor e da graça inabaláveis do Universo, que sempre o conduzirá aonde você precisa estar e ao que você necessita fazer.

Esses dois mundos, o do medo e o do amor, correspondem às cosmologias baseadas no medo e no amor, respectivamente. Todo mundo tem a capacidade de viver em qualquer um desses dois mundos, o que nos confere pensamentos muitos diferentes e atrai realidades bem distintas. Quanto mais você aprende a confiar nas suas emoções, e a usar os seus sentimentos para entrar no fluxo, mais você entra em contato com o mundo expansivo do amor incondicional. Você se torna então o seu eu superior – e pode criar qualquer coisa que deseje.

O modo de medo e o modo de amor

O biólogo pioneiro Bruce Lipton descobriu que as células do nosso corpo estão sempre em um de dois modos: de proteção ou de crescimento,[18] o que emocionalmente corresponde ao medo ou ao amor. Ou seja, as suas emoções indicam se você se encontra fisiologicamente em modo de medo (concentrado em ameaças percebidas, fechado e tendo reações automáticas) ou em modo de amor (sentindo-se seguro, aberto, conectado e expansivo). Em outras palavras, toda célula tem a capacidade de alternar entre dois mundos: o mundo do medo e o mundo do amor. Um mito da criação amoroso e cooperativo ou uma cosmologia oprimida pela guerra. *Em resposta aos seus pensamentos*, elas se curvam diante do velho deus do medo e da condenação, vivendo em um mundo de medo e lutas, no qual você tem que ser bom, e o perigo e o mal precisam ser rechaçados ou mantidos à distância. Ou então as suas células podem se expandir em um mundo além do medo e da atitude defensiva – um mundo criativo de amor incondicional, amor e alegria, no qual os seus sonhos podem se tornar realidade, e efetivamente se tornarão.

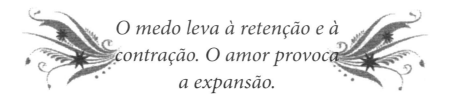

O medo leva à retenção e à contração. O amor provoca a expansão.

REAGINDO A PARTIR DO MODO DE MEDO

Sempre que nos sentimos ameaçados ou criticados, temos a tendência de entrar no modo de proteção. Perigo! Alerta vermelho! Emergência! É um modo defensivo e habitual que o faz sair do fluxo e o separa do Amor. No modo de medo, você reage a partir do seu cérebro primitivo ou reptiliano, o que limita o seu comportamento a lutar, fugir ou ficar paralisado. O seu corpo fica inundado de adrenalina. Você fica desconfiado e vigilante. Você se torna prisioneiro do medo e até mesmo do pânico, como um coelho diante dos faróis de um carro. Você rejeita qualquer pessoa ou coisa que pareça má ou perigosa, ou se afasta dela. Você busca o controle e a segurança. Você tem medo da mudança, de modo que tende a repetir os mesmos antigos padrões. Você se sente vazio e solitário, já que está desligado da Fonte, o que o torna vulnerável aos vícios e à codependência. A sua consciência se contrai e fica cercada por um muro. É difícil pensar com clareza, tomar decisões ou fazer planos para o futuro. Você fica aprisionado em ciclos negativos de pensamento que ficam girando em círculos. Desenvolve a estreiteza de visão e deixa de se sentir livre para escolher. Passa a desempenhar papéis, como o de esposa, mãe, filha, marido, irmão, pai, enfermeiro, contador, professor ou vizinho – e não consegue correr o risco de ser autêntico e espontâneo.

Estar em modo de medo é como adormecer e entrar no piloto automático. Você perde a sua profundidade, a sua riqueza interior e a sua criatividade. A sua consciência espiritual se desvanece, e a sua saúde mental e física passa a correr perigo. Como a Bela Adormecida, você fica preso em um caixão de vidro, esperando pelo beijo que o despertará.

Se você entrar em modo de medo, terá maneiras características de lidar com a ansiedade e de tentar se sentir seguro e amado:

⬥ Você pode culpar, atacar, criticar, controlar ou manipular as outras pessoas, achando que a posição delas é errada. *(Lutar.)*

⬥ Você pode se esforçar arduamente para agradar, ceder e se acomodar aos outros e fazer o que é esperado de você. *(Fugir.)*

⬥ Você pode se fechar ou se retrair, para se sentir seguro. *(Ficar paralisado.)*

⬥ Ou você pode tentar restabelecer o contato com a Fonte – para preencher o seu vazio – por intermédio do trabalho, das compras, do exercício ou de outros comportamentos compulsivos. *(Vício.)*

Não importa o que você faça, você se sentirá, na melhor das hipóteses, inquieto, porque está se desligando do Amor. Você está tendo uma atitude defensiva e autoprotetora; está vendo o problema como estando "lá fora". Você não está sendo guiado pelas suas emoções. Não está ouvindo o constante apelo da Fonte, que sempre o atrai na direção da alegria, da liberdade e da expansão.

Estar em modo de medo é uma péssima notícia. É a razão pela qual "coisas ruins acontecem a pessoas boas". Quando você está em modo de medo, a emoção negativa o estará avisando de que você está atualmente sabotando os seus próprios desejos. Você está atraindo o que não quer, já que os seus pensamentos estão concentrados nos aspectos negativos, ou você está tentando conquistar ou merecer o amor. E você não conseguirá galgar muito a escada emocional enquanto não liberar alguma resistência e passar para o modo de amor.

O medo faz com que você se sinta separado do Amor. Ninguém consegue se sentir inseguro ou vulnerável quando está ligado à Fonte. Ninguém é capaz de ser cruel ou indelicado quando está ligado à Fonte. Ninguém consegue sentir um sentimento de carência ou de deficiência quando está conectado à Fonte. A indelicadeza, a crueldade, a inveja, o moralismo, a agressão, a ganância, o ciúme, a competição, a raiva e a vingança – assim como a culpa, a vergonha e a sensação de impotência – têm lugar quando você está em modo de medo.

O mais importante é que quando as suas células mudam para o modo de medo, *todo e qualquer crescimento é interrompido*, tanto biológica quanto psicologicamente. A atitude defensiva é uma forma de resistência. Desse modo, quanto mais você permanece protegido, mais você compromete o seu crescimento pessoal e espiritual. Estar em modo de medo pode significar que você evita a mudança ou o risco, se protege do perigo e restringe a sua vida a rotinas repetitivas. No modo de medo, os relacionamentos permanecem superficiais e insatisfatórios, ou então controladores e dependentes. Você pode se sentir tipicamente "preso pela lealdade" a relacionamentos ou situações inadequadas, permanecendo emperrado anos a fio.[19]

Estar em modo de medo pode significar que você secretamente adia a vida ou a felicidade para uma data futura – quando você se apaixonar, quando se mudar, quando tiver obtido o seu diploma, quando os seus filhos forem para a escola, quando eles saírem de casa, quando você se casar ou se divorciar, quando se aposentar, quanto tiver mais dinheiro, tiver menos compromissos ou estiver menos ocupado. Bem no fundo, você sabe que a vida foi concebida para ser mais do que isso, mas você fica remando no raso, esperando o momento certo para nadar em direção ao mar aberto. Afinal de contas, você poderá topar com tubarões! Nesse meio-tempo, os anos vão passando.

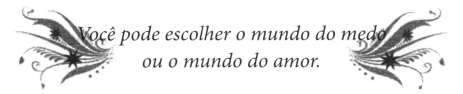

Você pode escolher o mundo do medo ou o mundo do amor.

A facilidade com que nos sentimos ameaçados, e a mudança para o mundo do medo, parece depender amplamente das nossas experiências da infância. Qualquer forma de abuso emocional, físico ou sexual, intimidação, negligência, separação repentina ou trauma – ou ter tido pais, tutores ou professores ansiosos, críticos ou excessivamente envolvidos com as antigas religiões – pode fazer com que nos sintamos inseguros ou não amados. (Por conseguinte, quase todas as pessoas estão incluídas.) Quanto mais você foi criado com medo ou críticas, mais a proteção se torna um modo de ser habitual.[20] Você prontamente muda para ela. Ela parece familiar, como na infância. Você adquire o hábito de ficar atento a ameaças, se fechar, atacar ou se defender, ser excessivamente inibido ou controlador, evitar o conflito, procurar a segurança ou a aprovação, evitar a culpa em vez de escolher a felicidade. Entretanto, enquanto você faz isso, as suas vibrações despencam pela escada emocional. A sua consciência se contrai. Você sente que está sendo atacado. Você desliza para a autossabotagem e não consegue atingir os níveis mais elevados de alegria e de paz interior.

MUDE PARA O MODO DE AMOR

A boa notícia é que o medo é apenas a negação do amor, assim como a escuridão é a mera ausência da luz. Outra realidade está esperando por você. Uma vez que você enxergue o mundo como um lugar seguro e amoroso, você relaxa em outro modo de existência. O seu corpo libera endorfinas, os hormônios do prazer. O seu cérebro superior entra em operação. Você se sente então livre para fazer escolhas pessoais e criativas. Você se sente mais expansivo e liberado, confiante e aberto, relaxado e em paz. Você não precisa ficar na defensiva, de modo que pode ser sincero com os outros e verdadeiro consigo mesmo. Você pode escutar sem se sentir ameaçado. O amor entra em profusão e sai livremente. Você está conectado à energia da Fonte. A sua consciência se expande, e um mundo inteiramente novo se abre diante de você. E é dessa maneira que a humanidade está evoluindo; esta é a nova consciência em direção à qual estamos rapidamente avançando. É o nosso modo natural de ser, uma vez que liberamos a nossa resistência.

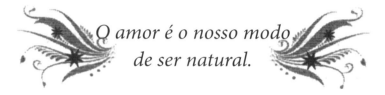

O amor é o nosso modo de ser natural.

Em cada pensamento, você está operando a partir do medo ou do amor. Da separação ou na conexão. Da estagnação ou do fluxo. Da proteção ou do crescimento. Da reprovação ou da aceitação. Da insegurança ou da autoestima. Da crítica ou do reconhecimento. De uma atitude fechada ou aberta. Do conformismo ou da liberdade. Do controle ou da confiança. De hábitos velhos empoeirados ou de desejos novos e estimulantes. Todo mundo tem a capacidade inata de habitar um desses dois mundos. Esses dois estados de consciência parecem estar embutidos tanto na nossa fisiologia quanto na nossa psicologia. E quando você se expande no mundo do amor, o Universo pode facilmente realizar os seus sonhos.

Seja fiel ao seu próprio eu

Imagine alguém que verdadeiramente o ame – uma pessoa que nunca retire o amor que ela lhe dá, independentemente do que você disser, pensar ou sentir, não importa como você se comporte. Alguém que o compreenda completamente e o ame exatamente como você é. Alguém que enxergue o seu verdadeiro potencial e que esteja sempre torcendo por você. Uma pessoa que não faça exigências, exceto que você satisfaça os seus desejos e seja verdadeiro consigo mesmo. Aos olhos dela, você jamais poderia fazer qualquer coisa errada. Você é um ser de luz maravilhoso. Quer você tenha agora um relacionamento pessoal como esse, quer não – seja com um parceiro, um pai, uma mãe ou um amigo – você tem acesso incondicional ao amor, porque a Fonte o ama dessa maneira. Esse é o verdadeiro significado do amor. E quando você entra em contato com essa voz interior do Amor, a sua vida pode se transformar.

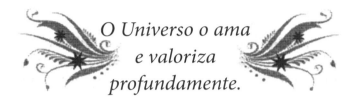

O Universo o ama e valoriza profundamente.

No filme *Billy Elliot*, o jovem herói vive em uma cultura rude da classe operária, em uma família debilitada pela privação, pela ameaça de o pai ser dispensado da mina onde trabalha e pelas dificuldades financeiras. Um futuro negro parece despontar no horizonte. Insatisfeito com a desagradável escolha do pai de que ele tomasse aulas de boxe, Billy secretamente se inscreve em uma aula de balé, logo descobrindo que a dança traz alegria à sua vida. Billy encontrou a sua paixão, a sua visão, a sua verdadeira vocação. Ele anseia por se tornar um dançarino. No entanto, o seu pai acaba descobrindo o que está acontecendo e fica furioso. O balé é uma coisa vergonhosa e inapropriada para um menino! Ele reprime o filho não conformista, e impõe a sua autoridade e controle. Entretanto, com o apoio de um mentor determinado, Billy se agarra ao seu sonho e, lentamente, consegue convencer a sua relutante família. O amor, a ternura, a esperança e a dignidade começam novamente a circular. Mais tarde, ele consegue ingressar na Royal Ballet School, e um futuro brilhante acena para ele.

Nem todo mundo tem uma ardente vocação como o jovem Billy, mas todos nós enfrentamos momentos em que ficamos divididos entre respeitar os nossos sonhos ou satisfazer as necessidades e expectativas de outras pessoas, entre ser fiéis a nós mesmos ou buscar a aprovação dos outros. Entre ser sinceros e autênticos ou ser maleáveis e conformados. Em momentos críticos da nossa vida, essas escolhas podem significar dilemas angustiantes que afetam todo o nosso futuro.

O conformismo é a desgraça das cosmologias baseadas no medo. No entanto, uma vez que você entenda as leis do cosmos, você sempre seguirá o seu coração. Você honrará o seu anseio divino de se expressar e procurar alcançar os seus sonhos mais extravagantes. Você saberá que quando alguém se sacrifica, *todo mundo* perde. Em um Universo baseado no amor incondicional, amar nunca significa fazer sacrifícios. Você pode ter, fazer e ser tudo o que deseja. O Universo pede a você que ame a si mesmo *sem nenhuma condição*. Quando você confiar na sua orientação emocional, você seguirá o antigo ditado: "Seja fiel ao seu próprio eu", o que significa escutar a voz interior do Amor.

Como observa a psicóloga Marshall Rosenberg: "A depressão é a recompensa que você recebe por ser bonzinho".[21] Fazer o que os outros querem é uma forma lenta de suicídio. Agradar aos outros pode parecer uma coisa favorável, mas você não pode ser bonzinho *e* ao mesmo tempo autêntico. Você está fingindo ser uma pessoa que na realidade não é. Você está ocultando os seus verdadeiros sentimentos e desejos. Você se sente refreado, reprimido e inibido. Você é subjugado e impulsionado pelo medo. Você está encurralado na metade inferior da escada emocional. Se você se importar mais com o que os outros pensam do que com a maneira como você se sente, você sempre estará separado do seu eu superior. Na melhor das hipóteses, tentar ser bom e perfeito poderá fazer com que você se sinta virtuoso. No entanto, buscar aprovação nunca conduz à alegria, ao entusiasmo ou à criatividade. A aprovação equivale ao amor condicional; ela é oriunda do modo de medo. Ela bloqueia os seus sonhos, tornando impossíveis o verdadeiro amor e a intimidade.

> *Se você se importar mais com o que os outros pensam do que com a maneira como você se sente, você nunca viverá uma vida que pertença a você.*

Os relacionamentos são a fonte do nosso maior prazer e alegria, mas também da nossa maior dor e tristeza. E a maior parte dessa dor provém do fato de o amor ser condicional, o que significa que você está tentando ser bom, ou esperando que os outros (ou o mundo) sejam bons *aos seus olhos*. Se você dividir o mundo em bom e mau, terá apenas duas opções. Você pode enxergar a "maldade" dentro de você e tentar reprimi-la, escondê-la ou negá-la, ao mesmo tempo que se sente secretamente envergonhado e culpado, achando que não é bom o bastante. (*Muito* desagradável.) Ou você pode projetar a maldade ou a inadequação no mundo exterior e se tornar controlador, crítico, rancoroso, presunçoso ou ainda se considerar moralmente superior. (Levemente menos desagradável.)

Quase todos nós aprendemos a ser "bonzinhos" na infância e a esconder o que quer que fosse considerado inaceitável, talvez a raiva, a ganância, o ciúme, a exuberância, a sexualidade, a criatividade ou a espiritualidade. Essas partes dissociadas do eu tornam-se a sua Sombra escura e clara. Mais tarde, quando você vê partes da sua Sombra no mundo, você se sente inquieto, irritado, zangado, perturbado, inseguro ou ameaçado. Ou então você pode admirar, invejar ou se apaixonar por outra pessoa. Qualquer pessoa que desperte sentimentos fortes – negativos ou positivos – é uma pista para algum aspecto seu que foi subjugado ou reprimido e está pedindo atenção. Pode ser uma parte que foi punida ou condenada quando surgiu no passado, ou um desejo ou um impulso que o assusta ou provoca quando aumenta de intensidade. Quanto mais você esmaga ou rejeita qualquer parte de si mesmo, mais provável é que ela se materialize na realidade exterior. Mais cedo ou mais tarde, você provavelmente atrairá um relacionamento ou situação que o desafiará a abraçar essas partes suas que foram perdidas, o que é uma oportunidade para que você se torne mais completo, para que se ame incondicionalmente.

Além da reprovação e da culpa

Enquanto você encarar qualquer pessoa como sendo o problema, ou ficar esperando que *ela* mude, você está em dificuldades. Você está vendo o problema como extrínseco a você. E está propenso a criar um desafio semelhante com outra pessoa, com outra e com outra ainda, até captar a mensagem. Afinal de contas, você cria a sua própria realidade. Se você se sente impotente ou vítima do comportamento dos outros, você está passando o seu poder adiante.

Ninguém tem o poder de lhe fazer qualquer coisa. Ninguém pode mantê-lo fora do fluxo, independentemente do que essa pessoa esteja fazendo.

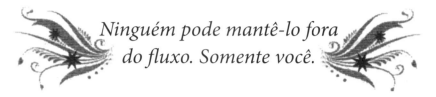

Ninguém pode mantê-lo fora do fluxo. Somente você.

A piada cósmica é que é você que está controlando a situação. Nenhuma pessoa pode ofendê-lo a não ser que você a tenha "convidado" a fazer isso – em um nível vibratório. Quanto mais você rechaça qualquer pessoa – seja ela, por exemplo, um sogro ou sogra intrometido, um ex-cônjuge importuno, um chefe exigente, um adolescente rebelde ou um vizinho barulhento – mais ela oferecerá resistência a você. Se você enxergar o que há de pior em qualquer pessoa, é exatamente isso que ela mostrará para você. Com o tempo você poderá estar colocando barricadas nas suas portas e janelas na tentativa de manter o porco mau do lado de fora, mas tudo é resultado da sua própria criação! Você está ouvindo a voz do medo em vez da voz do Amor. Em vez de analisar o que está errado com os outros, olhe para si mesmo. É *você* que precisa crescer e mudar. (O que não significa que exista alguma coisa errada com você. Você tem apenas hábitos negativos de pensamento.)

Mesmo que seja algo tão simples quanto o seu parceiro roncar, se você não parar de se queixar, o ronco ficará cada vez pior! Se você se sente controlado ou rejeitado por alguém, foi você que atraiu essa situação, ou então você está interpretando dessa maneira o comportamento da pessoa. Quanto mais você considerar um colega como sendo preguiçoso ou pedante, mais preguiçoso ou pedante ele se tornará, pelo menos na sua presença. Quanto mais você se opuser ao fumo passivo, mais você atrairá fumantes para perto de você onde quer que você vá. Quanto mais você precisar "justificar" o fim de um relacionamento provando que o seu ex-parceiro é terrível, mais ele continuará a provar que você está certo!

O Universo é inteiramente compatível com as suas vibrações. Esta não é uma realidade sólida separada de você, e sim uma tapeçaria energética. O mundo exterior sempre reflete de volta para você os seus pensamentos, convicções e expectativas. Uma vez mais, este não é um motivo para que você culpe ou recrimine a si mesmo; tudo consiste no fortalecimento pessoal e na capacidade de reagir adequadamente.

O medo e o amor não podem existir simultaneamente. Se escolher o medo, você sairá do fluxo. Se escolher o amor, o fluxo o levará para onde você deseja ir. Você não pode ser moralista *e* feliz ao mesmo tempo. (Considerar-se moralmente superior *ou* sentir-se culpado significa que você está achando que alguém está errado, o que é algo que o seu eu superior jamais faria.) Quando você reconhece que está se dividindo e se corrige, é incrível como essas pessoas frequentemente assustadoras, difíceis ou irritantes tendem a mudar, desaparecer ou parar de incomodá-lo. Quando você procura o que há de melhor nas pessoas, elas podem revelá-lo para você. Ou então você se sente capaz de conversar com elas de uma maneira aberta e sincera, sem acusações, sem culpa e sem ficar na defensiva.

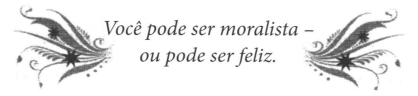

Você pode ser moralista – ou pode ser feliz.

Além do perdão

Isso significa que você deve perdoar qualquer pessoa que o tenha magoado? Se você quer ir além da raiva e da acusação, a resposta é sim. Se você quer parar de se sentir como vítima, a resposta também é sim. Se você deseja encontrar a paz interior, idem. Se você deseja ficar no fluxo, a resposta continua a mesma. Se você quer parar de atrair situações semelhantes no futuro, a resposta ainda é sim. Perdoar significa abandonar o ressentimento e se libertar do passado, o que o deixa livre. Entretanto, o perdão é apenas um primeiro passo em direção ao seu eu superior, porque é proveniente da falsa crença de que um procedimento errado teve lugar. Significa que você sentiu que "tinha o direito" de exigir que alguém satisfizesse as *suas* expectativas, compartilhasse as *suas* necessidades e prioridades, obedecesse às regras sociais ou fosse bom e perfeito aos *seus* olhos – embora isso não seja compatível com as suas vibrações! Significa acreditar que alguém pode "fazer" algo a você que não coincida com os seus sinais de rádio. Ou que pode haver alguma injustiça. Ou que alguma coisa pode dar errado em um Universo amoroso.

Onde o amor incondicional está presente, não existem acusações ou culpa. As acusações e a culpa têm origem no mundo da crítica e da reprovação – e a voz interior do Amor não consegue enxergar defeitos ou transgressões. O Amor só vê a inocência e a bondade. À medida que você vai restabelecendo a sua profunda ligação com a Fonte, você chega a uma posição na qual o perdão deixa de existir. Uma posição de compreensão, compaixão e benevolência. Uma posição na qual o perdão é um contrassenso, já que não existem vítimas. Uma posição na qual você se lembra de que tudo é governado pela lei da atração, que tudo é uma dança de criação conjunta. Agora você está pensando como o Universo e sorri para si mesmo.

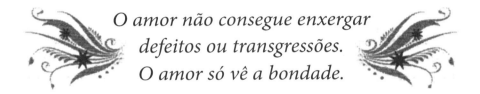

O amor não consegue enxergar defeitos ou transgressões. O amor só vê a bondade.

Lidando com o conflito e a diferença

O conflito e a diferença são a principal fonte de crescimento nos relacionamentos. Um excesso de semelhança ou concordância atrofia (motivo pelo qual os relacionamentos frequentemente terminam quando os parceiros são excessivamente semelhantes). Mas o que importa é a maneira como você *lida* com o conflito. Se você está bloqueado no modo de medo, você tem a tendência de evitar a controvérsia. O conflito parece ameaçador demais, de modo que você pisa em ovos quando se trata de assuntos complicados e mantém a conversa em temas seguros; na terapia familiar, isso é conhecido como "não dar atenção ao elefante que está na sala". Ou você pode pensar em soluções do tipo ganhar ou perder, nas quais as necessidades ou opiniões de uma pessoa são consideradas mais importantes e válidas, ou uma das pessoas sente que tem o direito de controlar ou manipular outra. (A criação dos filhos frequentemente cai nessa armadilha, com os pais controlando os filhos ou se sacrificando por eles, muitas vezes chamando o que estão fazendo de amor. Em ambos os casos, a atitude nos impede de curtir os nossos filhos.) Sempre que você fica satisfeito em ganhar, perder ou se acomodar – ou simplesmente evita o conflito – você está emperrado no mundo do medo, o que o lança na autossabotagem. Isso significa que *todo mundo* sai perdendo a longo prazo, já que o crescimento, a alegria e a expansão estão bloqueados.

Os relacionamentos não podem funcionar de uma maneira saudável a partir de uma cosmologia que não seja saudável. Qualquer ideia que você tenha de que existe uma injustiça ou um defeito, ou que você tem direito a alguma coisa, bloqueia a comunicação aberta e sincera, o que significa que o problema não será resolvido, mas simplesmente protelado para outro dia. Se você deseja estar certo, você não pode ao mesmo tempo ser feliz, já que está bloqueando o fluxo da Fonte. Você precisa ter como meta o amor incondicional para si mesmo *e* para os outros. Resolver os conflitos de uma maneira saudável significa fazer um acordo no qual não existem transgressões. Ninguém pode estar certo ou errado, mesmo quando possa parecer "óbvio" para você que os outros estão errados! Ninguém pode ser responsável pelos sentimentos ou pelas experiências de outra pessoa. Não existem censuras ou culpa. Nenhum controle ou sacrifício. Nenhuma luta ou fuga. Nenhum ataque ou defesa. Ninguém precisa ceder ou fazer concessões. Ninguém tem o direito de esperar que outra pessoa se comporte de uma determinada maneira, independentemente dos juramentos ou promessas que ela possa ter feito. Todo mundo é tratado com o mesmo amor e respeito. Quando você olha para si mesmo *e* para os outros através dos olhos da Fonte, a sua consciência é lançada além da dualidade e entra em modo de amor.

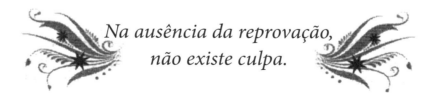

Na ausência da reprovação, não existe culpa.

Para o Universo, todo mundo está certo. As pessoas podem ter diferentes valores, necessidades ou perspectivas. Elas podem estar às vezes desligadas da Fonte, e agindo a partir do medo ou da condenação. Mas todo mundo é bom, amoroso e deseja apenas ser feliz. E sempre existe uma maneira de satisfazer as necessidades de *todas as pessoas*. Quando você ingressa nessa realidade mais ampla, o mundo expansivo do Amor, é impressionante a frequência com que os conflitos simplesmente se dissolvem ou soluções criativas e inesperadas surgem do nada. Você transcende o modo de pensar e-ou, ganha-perde, e adota o modo de pensar da possibilidade. Quando você pensa como o Universo, sempre consegue encontrar uma solução em que todos ganham. Não se trata de uma concessão baseada no medo, e sim de um jeito magnífico e gratificante de resolver as coisas.

Amor e liberdade

Quando você fica bloqueado no modo de medo, ele tolhe os relacionamentos românticos. O amor torna-se condicional e é deturpado em papéis e expectativas limitadas, baseados nas necessidades de aprovação, controle e segurança. Você adormece e repete padrões de relacionamento familiares. Isso pode parecer seguro, mas logo torna-se desinteressante e inerte, sufocando tudo o que mantém o amor vivo. Amortece o romance, a alegria, a paixão, a sexualidade, a sensualidade, a criatividade, a espontaneidade, a vitalidade e o crescimento. Vocês podem se agarrar um ao outro em busca de segurança, companheirismo ou aprovação social – ou fazê-lo devido ao hábito, ao dever ou à conveniência – mas ambos estão aprisionados em uma meia-vida insatisfatória. A conversa de vocês permanece segura e superficial. Vocês se sentem solitários mesmo na presença um do outro. O amor é mantido atrás das paredes de vidro do medo. Vocês protegem e defendem a si mesmos, ou protegem e defendem o outro. Isso é uma pálida imitação do verdadeiro amor. Foi com isso que muitas pessoas cresceram, e é o que esperam do casamento ou do relacionamento. (E a lei da atração garantirá que você se cercará de pessoas com relacionamentos semelhantes.) Eu o chamo de "amor domesticado", e ele acorrenta a alma. A proteção e a rejeição constroem uma represa que refreia a energia da Fonte.

Até hoje, o casamento obedeceu, com frequência, a esse modelo baseado na represa, modelo esse que a autora metafísica Marianne Williamson descreveu como "uma prisão baseada na culpa e no direito de posse".[22] No entanto, o amor não constrói muros de prisão. O amor não tem nada a ver com a proteção ou com sentimentos de que você tem direito a alguma coisa. O amor não faz exigências e nunca lhe pede para pagar um preço. O verdadeiro amor é incondicional e diz respeito a uma comunhão feliz de almas. Diz respeito ao milagre de descobrir a sua individualidade dentro da unidade. Diz respeito à personificação e à união sensual. Diz respeito à expansão é à conexão, de coração para coração. Ele permite que você revele a sua verdade e a sua perversidade, sabendo que sempre será mantido suavemente na luz. Na ausência do ataque ou da defesa, quando estamos plenamente presentes um para o outro, o amor surge naturalmente. Afinal de contas, o amor é quem realmente somos. E com o tempo, o fluxo do Amor conseguirá o que quer.

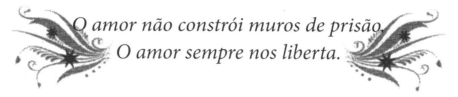

O amor não constrói muros de prisão. O amor sempre nos liberta.

À medida que a nossa consciência evolui e os nossos antigos padrões e defesas desmoronam – à medida que a nossa represa coletiva começa a gotejar e romper – surgem novos modelos de relacionamentos que despedaçam os nossos velhos modelos baseados no medo. Relacionamentos (de todos os tipos) que nos sacodem para fora dos nossos hábitos e padrões familiares. Relacionamentos que dissolvem as nossas defesas, em vez de sustentá-las. Relacionamentos nos quais podemos expandir e realizar o nosso potencial. Parcerias conscientes baseadas em uma profunda conexão intuitiva, na qual nos apaixonamos cada vez mais profundamente ao longo dos anos, enquanto o nosso amor se expande livre e generosamente em direção aos outros. Relacionamentos que nos despertam e inspiram.[23]

Se você ama incondicionalmente uma pessoa, você não vê os problemas, as fraquezas ou as limitações dela; você só enxerga os pontos fortes, os sonhos e o potencial, e tudo o que é maravilhoso nelas. Todos temos dentro de nós um ser humano com telhado de vidro e um anjo dourado, mas a Fonte, à semelhança do nosso eu superior, só enxerga o anjo. O amor é cego para o que é mau ou errado. Ele só vê o que é bom e correto. O amor tem uma confiança inabalável no nosso potencial mais elevado, até mesmo quando estamos perdidos no medo ou na crítica, motivo pelo qual um relacionamento verdadeiramente amoroso – de qualquer tipo – traz à luz o que existe de melhor em nós. Ele nos liberta para que sejamos quem realmente somos. (Ao passo que o amor condicional traz à tona as nossas fraquezas e defeitos escondidos.) E à medida que você eleva as suas vibrações ou esclarece os seus desejos, os seus relacionamentos tendem a mudar, seja crescendo com você, assumindo uma forma diferente ou simplesmente saindo da sua vida.

Estagnação *versus* fluxo

Quando a minha amiga Deborah inesperadamente se apaixonou, ela era casada e tinha filhos pequenos, vendo-se, portanto, diante de um clássico e doloroso dilema. Deveria seguir o seu coração ou permanecer casada? Ela se martirizou, questionando "se teria o direito de escolher a sua própria felicidade", apesar do possível impacto que isso causaria em outras pessoas. Ela se preocupou a respeito de como isso poderia afetar os seus filhos. No entanto, também se perguntou se seria justo continuar a viver com um homem que ela realmente não amava. E o impacto no homem que ela agora amava e que retribuía o seu sentimento? Depois de meses de uma dolorosa indecisão, Deborah confiou nos seus sentimentos e terminou o casamento. Passados muitos anos, ela é imensamente feliz com a sua alma gêmea. O seu ex-marido logo se apaixonou profundamente, voltou a se casar e teve mais filhos, além de assumir vários enteados. Todas essas crianças reunidas têm hoje uma grande família estendida e uma vida imensamente enriquecida, com um pai e uma mãe felizes, e um padrasto e uma madrasta amorosos. Em vez de uma "família destruída" (uma expressão oriunda do modo de medo), trata-se de uma família harmonizada na qual o amor transborda. Deborah poderia ter sido consciensiosa, permanecido no seu casamento amistoso, porém sem graça, e passado o resto da vida sonhando com o que poderia ter acontecido, mas quanta alegria, amor e expansão todos teriam perdido!

Em um cosmos baseado no amor incondicional, não existem escolhas erradas. Nenhuma exigência de que você obedeça rigidamente a compromissos. Não há caminhos ou expectativas fixos. Não existem estilos de vida cosmicamente aprovados. Não há acusações de condenação ou de culpa. (Tudo isso é proveniente do medo.) Existe apenas um dedo que aponta na direção dos seus desejos. Na direção do seu céu na Terra. Um Universo em expansão respalda o fluxo e não a estagnação, o que frequentemente significa deixar os relacionamentos fluírem para formas mais apropriadas caso tenham perdido a alegria e a vitalidade, ou se tornado restritivos e possessivos. Deus não é um velho conservador solene e zangado que defende o dever e o conformismo – independentemente do que as antigas religiões possam querer que acreditemos. Deus não diz "Você fez a sua cama e agora precisa se deitar nela" ou "Você tem que respeitar as regras" ou "Você precisa agradar às outras pessoas". Isso é a religião atuando como um agente de controle social! Deus/Fonte é amor incondicional. Fomos intrinsecamente projetados para a felicidade. Fomos concebidos para a liberdade e o crescimento.

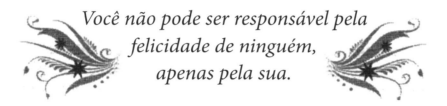

Você não pode ser responsável pela felicidade de ninguém, apenas pela sua.

Da maneira como vejo as coisas, o padrão atual do colapso conjugal seguido por um novo casamento faz parte do nosso despertar espiritual. Na condição de psicoterapeuta, sou testemunha da frequência com que padrões familiares anômalos são inconscientemente passados de geração em geração. As crianças se tornam adultos que confundem com amor o que quer que tenham visto ou recebido na infância e lidam com o conflito e as emoções da mesma maneira. Adultos que frequentemente se sentem "presos pela lealdade" a relacionamentos igualmente anômalos na idade adulta, e assim a corrente da dor é passada adiante. Até que alguém desperta. Até que alguém alcança o amor. Desse modo, será que a capacidade de abandonar relacionamentos limitantes é essencial para dissolver os nossos padrões oriundos do modo de medo e para proporcionar às gerações seguintes novas opções e uma maior liberdade? (Se for este o caso, precisamos parar de considerar o casamento um fracasso se ele terminar em divórcio. Afinal de contas, alguns dos relacionamentos *menos bem-sucedidos* que eu conheço duraram décadas!)

Em um Universo em permanente evolução, a mudança e o fluxo são constantes. Nada permanece imóvel. Fomos concebidos para ser como a água corrente dos rios, e não fixos e estáticos como uma montanha. Se você resistir à mudança, a vida se tornará cada vez mais incômoda. A realidade foi projetada para ajudá-lo a fluir em direção aos seus infinitos desejos. Todo mundo escolhe os seus próprios desejos, e a Fonte milagrosamente coordena tudo de maneira que todas as preferências possam ser satisfeitas – *desde que todos sigam o seu próprio fluxo.*

O Universo possui recursos ilimitados. Ele pode tornar qualquer escolha a escolha certa. Mas se você for um pino redondo em um buraco quadrado, um resvalamento doloroso terá lugar entre você e Você: entre a montanha emperrada e limitada que você está expressando, e o rio que corre rapidamente que você realmente é. Você sentirá a dissonância, o descontentamento divino. E a Fonte o estará chamando, como um toque de tambor distante, em direção ao Você que você anseia por se tornar. Ele o chama na direção do Amor. Ele o chama na direção da liberdade e do crescimento.

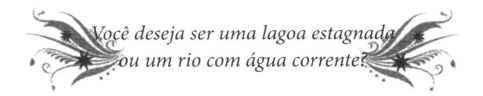

Liberdade e egoísmo

Liberdade não significa seguir cada capricho e fantasia, independentemente das consequências, ou ser irresponsável. Como diz o autor espiritual Paulo Coelho, liberdade não significa ausência de comprometimento; significa ter a capacidade de comprometer-se com o que é melhor *para você*.[24] Talvez comprometimento seja a palavra errada, já que sugere um apoio irrestrito – um ranger de dentes com sombria determinação – em vez de uma escolha constante, dia após dia, porque ela lhe confere uma enorme felicidade, crescimento e expansão. Assim que o medo, a culpa ou a obrigação tornam-se o motivo de um comprometimento, o ressentimento e o conflito são inevitáveis, assim como a falta de sinceridade e a negação. *Não podemos ser fiéis a outra pessoa ao mesmo tempo que traímos a nós mesmos.* O comprometimento precisa ser uma escolha autêntica e centralizada no coração. Ele não pode encerrar uma garantia, já que a vida é sempre uma jornada permanente de autodescoberta. Sem liberdade, a intimidade é impossível.

Liberdade significa amar-se o suficiente para ser fiel a si mesmo e confiar na sua orientação emocional. Significa não ceder ao que é socialmente esperado, ao que os outros exigem de você, ou ao que as vozes interiores do medo o aconselham a fazer, e tampouco sentir-se preso a escolhas passadas que não lhe servem mais. Significa fazer escolhas que expressam mais quem você é. Significa usar os sentimentos para entrar no fluxo. Significa ter fé em um cosmos amoroso.

Se mudar de *ser* bom para *sentir-se* bem parece egoísta ou irresponsável – ou se parece "bom demais para ser verdade" – você ainda não está pensando como o seu eu superior. Você ainda não entendeu como funciona a orientação emocional. Você ainda não compreendeu que este Universo amoroso está cuidadosamente projetado para o egoísmo. Está planejado para que todas as pessoas possam ser felizes, desde que sigam o seu *próprio fluxo* (O único tipo de "egoísmo" que dá errado é esperar que outra pessoa mude ou limite o comportamento *dela* para fazer *você* feliz).

Quando você encara a vida como um presente, ser sincero consigo mesmo é uma necessidade espiritual, pois o que é melhor para o indivíduo é melhor para o todo. Levei um longo tempo para entender completamente essa ideia, mas ela é uma das chaves para a liberdade interior. Significa que você não precisa ser bom. Significa que ninguém pode sofrer se você seguir os seus sonhos e os seus desejos (mesmo que as pessoas protestem a partir do ego assustado delas). Pelo contrário, essa ideia ajuda *todas as pessoas* a crescer e mudar, a tornar-se mais de quem já são, a transcender os antigos receios, padrões e defesas delas. Ninguém pode pagar um preço pela sua felicidade. Como poderia ser de outra maneira em um Universo baseado no amor incondicional?

Como a Fonte está atenta a todas as pessoas, você simplesmente precisa acompanhar o seu próprio fluxo. Enquanto você não compreender que escolher ser feliz é sempre melhor para *todos* os envolvidos, você poderá ficar preso em um conflito neurótico entre satisfazer os seus desejos ou agradar aos outros. Você então continuará a atrair para a sua vida pessoas que fazem exigências ou sentem que têm o direito de controlá-lo ou provocar em você um sentimento de culpa – até você libertar *a si mesmo*. Até você aprender a seguir o seu coração.

A verdade é que qualquer pessoa que realmente o ame irá encorajá-lo a seguir o seu coração, em vez de se adaptar e se conformar, ou fazer o possível e o impossível para agradá-la; no entanto, às vezes você só poderá honrar a si mesmo arriscando-se a ser censurado, ou até mesmo rejeitado, pelos outros. Correndo o risco de não ser visto como bom e perfeito, mesmo por aqueles que você ama.

> *Você não pode se sacrificar e ao mesmo tempo permanecer ligado à Fonte.*

Victoria marcou uma consulta urgente comigo no ano passado. Ela estava tendo ataques de pânico. O seu pai lhe comunicara de repente que estava tendo dificuldade em enfrentar sozinho os problemas do dia a dia e que decidira ir morar com ela. O relacionamento deles sempre fora tenso e ambivalente, mas ela sentia que o dever a obrigava a ceder. Victoria não conseguia enxergar uma saída. Tendo em vista a ansiedade e o desespero que ela estava sentindo, estava claro que a Fonte não a estava chamando para viver com o pai. Não era uma escolha prazerosa, e manteria os dois imobilizados em antigos padrões. Mas o Universo estava refletindo as vibrações de Victoria relacionadas com o sentimento de culpa, de martirização e de ser responsável pela felicidade e pelo bem-estar dos outros – regras de família tácitas que já a tinham levado a se tornar uma assistente social exausta. O sentimento de que a sua "única escolha" era dizer sim ao pai exigente demonstrou que ela estava reagindo a partir do modo de medo, em vez de escutar a voz interior do Amor. Sempre que nos sentimos encurralados ou impotentes, estamos vivendo a partir de uma mitologia baseada no medo e caminhando contra o fluxo.

Lembrei a Victoria que a Fonte nunca toma partido. Ela pensa em todas as pessoas. A Fonte sempre nos atrai para a felicidade, e se seguirmos o chamado, o Universo poderá coordenar eventos e circunstâncias adequados a todos os envolvidos. Se uma determinada escolha fizer com que você se sinta pesado ou com tendência a resistir, ela não está satisfazendo a nenhuma das pessoas; ela é oriunda de antigos hábitos de controle e sacrifício. Hábitos baseados no medo. E quando você está plenamente no fluxo, você sabe intuitivamente disso. Afinal de contas, a vida é um presente do Universo, não uma provação.

Recomendei com insistência a Victoria que se estabilizasse no modo de amor antes de tomar uma decisão a respeito de onde o seu pai iria viver. Sempre que você cede à culpa e a exigências, você está perto da parte inferior da escada emocional – de modo que o resultado certamente não será feliz. Uma regra psicoenergética fundamental é que *aquele que estiver mais ligado à Fonte dominará qualquer interação*. Como a raiva é uma vibração levemente mais elevada do que a culpa, a pessoa crítica ou que se considera moralmente superior é capaz de controlar quem é inseguro ou tem um sentimento de culpa, o que é um padrão comum nos relacionamentos anômalos.[25] Por conseguinte, é sensato evitar tomar decisões enquanto você estiver se sentindo deprimido, receoso, envergonhado ou inadequado, já que qualquer discussão terá a tendência de decair, e a outra pessoa fará você de gato-sapato! Por outro lado, avisei à Victoria que se ela dissesse não ao pai enquanto estivesse se sentindo pouco à vontade com relação a essa decisão, ele poderia ficar ainda mais carente e infeliz, refletindo as vibrações carregadas de sentimento de culpa da filha. Além disso, a não ser que ela estivesse no fluxo, não seria capaz de encontrar a melhor alternativa para o pai. Ela precisava ficar em paz com o seu desejo, usando os seus sentimentos para entrar no fluxo, ao mesmo tempo que pedia ao Universo que enviasse a melhor opção possível para o seu pai.

Vários meses depois, Victoria me escreveu dizendo que o seu pai estava instalado em uma boa casa de repouso, encontrara "por acaso" velhos amigos do exército e parecia mais animado do que nunca – e que ela estava envolvida com uma nova carreira criativa e, finalmente, aprendendo a amar e cuidar de si mesma.

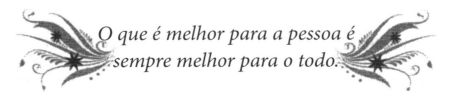

O que é melhor para a pessoa é sempre melhor para o todo.

Encontre o seu caminho

O Universo jamais teria pedido a Billy Elliot para abandonar o seu sonho de ser dançarino para seguir a família nas minas; afinal de contas, fora o Universo que dera a ele o talento e o entusiasmo. O Universo não teria aplaudido se Deborah tivesse desistido do amor da sua vida; afinal de contas, fora ele que o enviara para ela como um presente. O Universo não teria insistido para que Victoria convidasse o pai para morar com ela contra os seus desejos, pois tinha uma opção infinitamente melhor esperando para entrar em cena no momento certo. As escolhas adversas são provenientes da antiga cosmologia que dá a entender que o amor envolve sacrifício, que a abnegação é virtuosa, que você precisa satisfazer às expectativas das outras pessoas, que você não pode confiar nos seus sentimentos ou que a vida é árdua. Essas escolhas acontecem quando vivemos em modo de medo.

Este cosmos amoroso nunca nos envia um desejo que não possa ser satisfeito. Tampouco ele nos desafia a "resistir à tentação", como as antigas religiões gostariam que acreditássemos! O Universo não foi concebido para nos testar ou enganar. Ele simplesmente deseja que sejamos felizes. Ele quer entregar os nossos presentes. Quer que os nossos contos de fadas se tornem realidade. E para o bem de todos, ele quer que nos amalgamemos com o nosso eu superior.

Em geral as pessoas passam por uma crise da meia-idade – às vezes abruptamente, depois de abandonar um casamento, um emprego ou um estilo de vida – por ter "despertado" depois de passar anos se adaptando, se conformando com as coisas e fazendo o que os outros esperam. Talvez elas tenham ficado doentes ou deprimidas, e de repente se dão conta do motivo. Elas têm vivido uma vida que pertence a outras pessoas e querem retomar o caminho. O seu *próprio* caminho. Mesmo que fiquem perdidas durante algum tempo. Mesmo que os outros desaprovem. Elas estão se libertando do seu eu socialmente condicionado, do seu eu domesticado. A família e os amigos podem achar que elas estão ficando malucas, mas talvez elas estejam ficando lúcidas pela primeira vez na vida.

Nos últimos anos, a minha jornada pessoal me retirou inesperadamente de um casamento que havia me embalado e feito dormir sem que eu percebesse, fazendo com que eu me sentisse pequena e diminuída. A experiência como um todo foi difícil e dolorosa, mas liberou uma parte enorme do que eu reprimira durante anos. Ela estraçalhou os meus antigos padrões e defesas, e reacendeu os meus sonhos, a minha paixão, criatividade e sensualidade. Ela me mudou profundamente de maneiras que eu jamais poderia ter imaginado. Ela me reintegrou a mim mesma, e me ensinou o verdadeiro significado do amor. Nunca me arrependi por um único momento da decisão que tomei, e o meu ex-marido e eu estamos muito mais felizes, como amigos e pais separados que compartilham a criação dos filhos, do que éramos quando estávamos juntos.

Quando você está no seu caminho, quando você está em harmonia com o seu eu superior, você tem uma profunda sensação de paz e justiça. Sempre que você se conformar com uma vida que está aquém dos seus sonhos e desejos, você sentirá o descontentamento divino. Alguma coisa parece estar errada. Ela o atormenta. Você está sendo chamado em direção à vida celestial que você *poderia* criar. Se ao menos você se amasse incondicionalmente. Se ao menos acreditasse que a vida é um presente do Universo. Se ao menos se lembrasse de que os seus sonhos podem se tornar realidade. E enquanto você não fizer isso, o Universo estará sendo prejudicado na sua evolução. E aqueles cuja vida você toca também estarão.

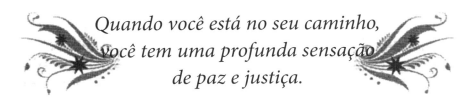

Quando você está no seu caminho, você tem uma profunda sensação de paz e justiça.

O amor e o amor por si mesmo

Amar a si mesmo é um pré-requisito para amar os outros. Você não pode amar enquanto estiver em modo de medo, já que está em oposição ao seu eu superior – em oposição ao Amor. Você pode ser dependente quando estiver em modo de medo. Pode ser dedicado ou leal. Pode se sacrificar. Pode desempenhar papéis. Pode até mesmo ser controlador, possessivo ou manipulador. Mas não pode amar de verdade. A partir do modo de medo, você é incapaz de sentir o amor centralizado no coração, a intimidade emocional ou a autenticidade. Você não é capaz de amar com generosidade. Você só consegue buscar aprovação, controle ou segurança.

É por esse motivo que nunca dá certo pedir a outra pessoa que aja de acordo com as suas exigências e expectativas, ou seja, oferecer um amor condicional. Se você controlar uma pessoa por meio da culpa ou do medo, ela poderá ceder às suas exigências, mas você pagará um preço. Sempre que uma pessoa cede, o potencial superior dela é bloqueado. Mais cedo ou mais tarde, ela se ressentirá do que você está fazendo com ela e desejará se libertar, pois começará a seguir o apelo saudável da Fonte. (Pergunte a qualquer pai ou mãe de um adolescente. Ou a qualquer pessoa que tenha se sentido controlada ou que teve o seu sentimento de culpa explorado.) A recusa em se adaptar é frequentemente o primeiro passo em direção ao amor por si mesmo. É o primeiro passo em direção a uma reunião com o seu eu superior.

Enquanto você está tentando conquistar ou merecer o amor, as suas vibrações pairam sobre o desmerecimento e a insegurança, e outras pessoas refletirão esse sentimento de volta para você. Pela ação da lei da atração, elas lhe oferecerão apenas a quantidade de amor e respeito que você dá a si mesmo. Apesar do que a religião possa querer que você acredite, a abnegação procede de vibrações muito baixas. Procede da busca da redenção. Ela não tem origem no Amor. Quando você se adapta para satisfazer a outras pessoas, você ensina o amor condicional, e é isso que você receberá. Quando você se valoriza o suficiente para respeitar os seus sentimentos e necessidades, bem como para ser sincero consigo mesmo, você galga a escada emocional. Você restabelece a sua ligação com a Fonte, e os seus relacionamentos começam a mudar.

Alguns relacionamentos poderão deixar de parecer apropriados, à medida que você relembra quem você realmente é, enquanto outros talvez venham a crescer e evoluir. Você se torna mais exuberante e multidimensional. Você começa a abrir as asas. Quando a Fonte passa a fluir livremente através de você, você se torna cada vez mais amoroso. Passa a ter mais para dar. Entretanto, você não mais se sacrifica por si mesmo ou pelos outros; tampouco deseja controlar ninguém. A sua prioridade é manter o seu ego em harmonia com o seu eu superior. Você cuida de si mesmo e não considera ninguém responsável pela sua felicidade. O conflito interior se dissolve, e você fica em paz. Depois, você pode verdadeiramente amar – incondicionalmente.

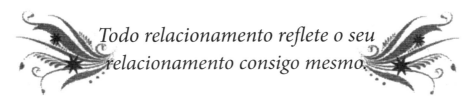
Todo relacionamento reflete o seu relacionamento consigo mesmo.

Ameaças e incentivos

Quando você escuta a voz do medo e da crítica, os seus motivos tendem a ser mais as ameaças do que os incentivos. Você é motivado pelo medo, pela culpa ou pela insegurança. Pelo dever e pela obrigação. Por seguir as regras. Por tentar ser bom e digno. Por sentir-se responsável pela felicidade das outras pessoas. (Uma amiga brincou comigo recentemente dizendo: "Oh, você não tinha percebido que eu sou responsável pela felicidade do mundo inteiro?") Sentir-se responsável pela felicidade de qualquer outra pessoa é uma maneira segura de enlouquecer. Isso não apenas o aprisiona, como também priva a outra pessoa de poder. O fato de qualquer pessoa acreditar que a felicidade ou o bem-estar dela depende do seu comportamento a torna vulnerável, de modo que ela tenta controlar e manipular você para poder se sentir segura é à vontade. Você e ela então ficam bloqueadas, o que é opressivo e sufocante.

Apenas para deixar as coisas claras, você não está aqui para agradar a ninguém. Você não está aqui para dançar no ritmo das outras pessoas. Se tentar fazer isso, perderá o seu centro de gravidade. Se você fizer outra pessoa feliz *à sua custa*, você não estará no fluxo – e nem ela. Ninguém pode estar em contato com a sua orientação emocional. Se você não for amoroso consigo mesmo, não estará em harmonia com a Fonte, e as suas ações não serão proveitosas. Não cabe a você fazer ninguém feliz. Na realidade, isso nem mesmo é possível, já que você não é capaz de controlar as vibrações de nenhuma outra pessoa. (Tampouco nenhuma outra pessoa está aqui para lhe agradar. Se você acredita que a sua felicidade depende do comportamento de qualquer outra pessoa – ou das condições do mundo – você está passando adiante o seu poder. Isso é amor condicional.) Ninguém pode ser responsável pela felicidade de outra pessoa. E a maneira como os outros se comportam não é da sua conta. A felicidade é sempre uma coisa íntima.

Como saber então se uma escolha procede do modo de medo ou do modo de amor? *Pela sensação que ela transmite.* Verifique sempre como você *se sente* antes de tomar qualquer decisão. Se você achar que fez a escolha justa, segura e confiável (segundo a sua cabeça), ela raramente será a opção que o fará se sentir livre e feliz (de acordo com o seu coração). Tentar decidir o que vai fazer depois de pensar muito significa que você poderá ser induzido ao erro pelas necessidades, opiniões ou programações dos outros, por regras sociais ou religiosas, pela avaliação dos riscos ou por não desejar perturbar o equilíbrio da situação – em vez de ser guiado pela Inteligência Infinita. (Se você de fato *precisa* pensar em uma decisão, faça simplesmente uma lista de prós – em vez de escrever os prós e os contras – e verifique se isso esclarece o caminho a seguir. Afinal de contas, o Universo nunca pensa de uma maneira negativa; ele só enxerga os presentes.)

Sempre escolha os incentivos, não as ameaças. Se uma escolha parece pesada ou causada pelo dever, ela procede do medo. Se parece restritiva ou inibidora, ela procede do medo. Se parece virtuosa ou abnegada, também procede do medo. Se lhe causa uma pontada de dor no plexo solar ou lhe provoca um peso no coração, ela procede do medo. Se faz você se sentir menor, ela procede igualmente do medo.

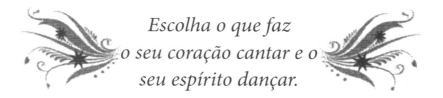

Escolha o que faz o seu coração cantar e o seu espírito dançar.

No modo de medo, frequentemente somos governados pelo nosso árbitro ou crítico, que tem predileção por palavras que envolvem uma provação como disciplina, força de vontade, responsabilidade, lealdade, sacrifício, dever e obrigação. Ele admira os santos abnegados e os mártires que punem a si mesmos. Ele torce o nariz com desdém para palavras generosas como satisfação dos desejos, paixão, sensualidade, liberdade, desejo e imaginação. Desconfia profundamente das boas coisas da vida, o que contradiz a nossa orientação emocional e pode conduzir ao que eu chamo de "atitude anoréxica" diante da vida, baseada na abnegação, no ascetismo, na atitude de evitar a intimidade, no desempenho exagerado, no trabalho árduo, no perfeccionismo, na autodisciplina implacável e no controle excessivo e inebriante. Ele reprime o aspecto feminino divino. Ele nos lança em uma guerra civil interior. (E frequentemente é acompanhado pelo neuroticismo com relação à comida e ao peso.) Ele nos leva a *ser* bons em vez de *sentir-nos* bem, desligando-nos portanto da Fonte.

> Em um Universo fundamentado no amor incondicional, estamos sempre e eternamente em estado de graça. Não necessitamos de redenção, já que somos centelhas abençoadas de energia divina. Cada parte de nós é boa e digna. Não existem críticas, de modo que não pode haver nenhum pecado, transgressão ou imperfeição. O nosso árbitro ou crítico interior se previne constantemente contra a maldade, mas a ideia da maldade é a crença mais tóxica da mitologia da vida como uma provação. Ela divide a nossa energia e nos arrasta para os canos de esgoto da culpa, da censura e da vergonha. Buscar a redenção "sendo bom" não agrada ao ego receoso, já que é melhor sentir superioridade moral do que culpa ou vergonha. Mas ainda assim significa viver no medo, e tentar ser eternamente bom e perfeito. Uma vez que você volta a se ligar ao Amor, você percebe que a culpa e a superioridade moral são ilusões. Não existem escolhas, caminhos, sentimentos ou desejos errados. E como cada evento é governado pela lei da atração, não existem vítimas.
>
> Você só abandona o campo de batalha interno-externo e entra no estado de graça celestial quando transcende a avaliação crítica. Você transcende a falsa dualidade do certo e do errado. A culpa, o sofrimento, a punição e a penitência nunca são necessários. Você não precisa se defender ou se justificar. E nem temer, atacar ou culpar os outros. A sua consciência se expande no mundo ilimitado do Amor incondicional. Você encara todas as pessoas (inclusive você mesmo) como eterna-

> mente inocentes e boas. Você pode então fazer escolhas que estão em harmonia com os seus sonhos e desejos. Você pode se tornar uma alma encarnada, e a vida se torna uma prazerosa aventura.
>
> *Enquanto você não viver em um mundo de graça, não poderá ser livre e feliz.*

A voz do Amor sempre o chama na direção do seu céu na Terra. Quando você usa os seus sentimentos para entrar no fluxo, os seus motivos defendem a vida, além de ser alegres e centrados no coração. Você não precisa buscar aprovação, permanecer em segurança ou controlar os outros. Você sabe que está seguro e é amado. Você é sincero e autêntico. Você aprova a si mesmo, independentemente do que os outros possam pensar. Uma vez que você entra no fluxo, a indecisão ou a confusão dão lugar à clareza. O que você tem a fazer se torna óbvio. Você faz escolhas baseadas no que o faz se sentir bem: paixão, entusiasmo, liberdade, criatividade, expansão, propagação do amor. Você faz escolhas que deixam o seu coração feliz. Escolhas que o fazem se sentir energizado, alegre e jovial. À medida que a sua consciência se expande e você galga a escada emocional, o medo desaparece em segundo plano, abrindo caminho para um ego saudável e para o seu eu superior.

Uma personalidade saudável

Um ego (ou personalidade) saudável é fundamental. Ele lhe confere autorrespeito, limites claros, a capacidade de dizer não, a percepção consciente dos seus pensamentos e sentimentos, e a noção de individualidade. Possibilita que você seja exclusivamente você. Permite que você esteja plenamente presente no mundo. E, o que é crucial, ajuda-o a respeitar as suas necessidades e desejos. Assim que o seu ego tem qualquer desejo, o seu eu superior começa a conter a energia desse desejo; ele *se torna* imediatamente esse eu futuro. A única questão agora é se você vai se juntar a ele – se o seu ego é capaz de se harmonizar com o seu eu superior em um nível energético – para que o seu sonho se torne realidade.

O seu ego não é o seu inimigo (embora a mitologia que diz que a vida é uma provação queira que você acredite que ele é). E tampouco ninguém é seu inimigo. A coisa mais próxima que temos de um inimigo é estar em modo de medo. Quando as suas vibrações estão baixas, o ego opera a partir do modo de medo, fazendo com que você adote uma atitude defensiva e sabote a si mesmo. O ego está tentando assegurar que você esteja seguro e seja amado, mas os únicos métodos de que dispõe são lutar, fugir, ficar paralisado e os vícios. Ele controla ou sacrifica. Faz um grande esforço. Ele se sente uma vítima ou um mártir. Ele é consumido pela culpa ou desmerecimento. Ele se preocupa com ameaças. Esmaga os seus sentimentos e desejos. Ele faz o máximo para ajudar, mas está sempre apunhalando-o. Existe um doloroso abismo entre o ego e o eu superior. No entanto, à medida que você galga a escada emocional, ultrapassa a raiva e a irritação, e avança em direção à esperança e mais além, você muda para o ego saudável. Você sabe que é amado e está em segurança. Você se estende na direção dos seus sonhos. Você usa os seus sentimentos para entrar no fluxo. Você é sincero consigo mesmo. O ego (ou personalidade) saudável atua a partir do modo de amor e trabalha em parceria com o seu eu superior.

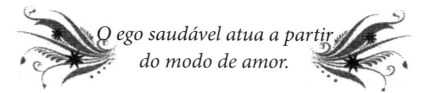

O ego saudável atua a partir do modo de amor.

Em vez de prestar atenção à voz vociferante do medo e da condenação, ou ao pesado fardo das regras e expectativas sociais, aquiete a mente e procure ouvir a voz interior do Amor. Ela não é tão alta ou insistente quanto a voz do medo, mas está sempre presente em segundo plano. Ela nunca o ameaça; apenas o incentiva. É calma e suave. É reconfortante e tranquilizadora. Transmite uma sensação de leveza e liberdade. A voz do Amor faz com que você se sinta seguro, respeitável e orgulhoso de si mesmo. Ela o atrai para o fluxo. E possibilita que você ame incondicionalmente a si mesmo, os outros e o mundo. Sem culpa ou ansiedade, e sem se colocar na defensiva. Sem censurar, atacar ou fazer exigências. Sem precisar que ninguém ou nada seja "perfeito" ou se adapte às suas necessidades. Quando você escuta a voz do Amor, o seu coração se abre para o Universo. Você contempla a luz e a beleza dentro dos outros, e os seus sonhos e visões se expandem. Como o fio vermelho de Ariadne, essa voz pode conduzi-lo para fora do labirinto e de volta à luz.

Mas qual é o *seu* anseio divino? Para onde a voz interna do Amor o está atraindo?

Apenas para você

RECONHEÇA A SUA SOMBRA

De que qualidades você mais se orgulha? O trabalho árduo e a autodisciplina? A superioridade moral? A consciência espiritual? A compaixão pelos outros? O fato de você ser leal e cumpridor dos seus deveres? Bondoso e dedicado? Racional e objetivo? Sério e confiável? Sonhador e intuitivo? Sensível às necessidades das outras pessoas? Quanto mais orgulho você tiver de qualquer qualidade, mais os opostos dela residirão na sua Sombra. (Se você criticar alguém por ser egoísta e indiferente, você provavelmente se preocupa demais com os outros à sua própria custa. Se você criticar alguém por ser preguiçoso, você provavelmente é compulsivo e viciado em trabalho.) Quando estamos desequilibrados, os nossos pontos fortes se tornam as nossas fraquezas.

O que você critica, despreza ou condena nos outros (mesmo que sutilmente)? Existe alguma pessoa que você tem a tendência de evitar ou que você considera ameaçadora? Ou alguém que você admira, inveja ou de quem deseja estar perto? Uma vez mais, isso lhe dá indicações a respeito do que reside na sua Sombra – os eus que você não reconhece ou o seu potencial oculto – as necessidades, qualidades, pontos fortes e desejos que foram reprimidos e anseiam por se expressar, para que você se torne mais equilibrado e completo. A não ser que você reconheça tudo o que perceber nos outros, esses eus não reconhecidos esguicharão para fora de vez em quando, ou serão projetados nas outras pessoas – ou você simplesmente desperdiçará uma grande quantidade de energia reprimindo-os e deixando de reconhecer a preciosa contribuição deles. O que você precisa expressar? Retome o seu poder, e lembre a si mesmo que ninguém pode lhe "fazer" nada. Recuse-se a considerar qualquer pessoa como boa ou má, certa ou errada. Transcenda o mundo da dualidade e use os seus sentimentos para entrar no fluxo.

A VOZ INTERIOR DO AMOR

Todas as vezes que você se ouvir criticando a si mesmo, os outros ou o mundo, ou considerando alguma coisa má ou errada, pergunte aos seus botões: "O que diria a voz do Amor?" Todas as vezes que você se recriminar por ser imperfeito ou se afligir porque a sua vida não é tão maravilhosa quanto você desejaria, pergunte a si mesmo: "O que diria a voz do Amor?" Sempre que você ceder às exigências das outras pessoas ou negar a si mesmo o que você quer, lembre a si mesmo que amar não significa se sacrificar – e pergunte o que diria a voz do Amor. Como você pode ouvir com o coração aberto, sem sentir medo ou se colocar na defensiva? E se o Universo pudesse satisfazer todas as necessidades ou desejos de todo mundo? Como você pode respeitar a si mesmo nessa situação? Qual é o seu anseio divino? Sempre que você sentir medo, culpa ou ressentimento, peça à voz do Amor para falar com você. É como exercitar um músculo. Quanto mais vezes você se conectar com essa voz interior amorosa, a voz do seu eu superior, mais forte ela se tornará. Cada vez mais você se relacionará harmoniosamente com a energia dela e olhará para todas as pessoas e todas as coisas como amigas.

Capítulo 5

Torne-se um raio *laser*

*Você é como uma estação de rádio capaz de receber muitas estações.
O que você recebe depende do foco da sua atenção.*
Orin[26]

Observei recentemente a rápida ascensão ao estrelato da cantora Leona Lewis em um concurso de talentos na televisão e fiquei impressionada com a sua competência ao usar algumas das ferramentas da criação da realidade. Quando criança, ela sonhara frequentemente acordada a respeito de ser cantora, e depois, quando cresceu, passou a imaginar que o seu fone de ouvido no trabalho era um microfone de rádio com o qual ela entretinha uma grande multidão. Quando ela, de repente, se viu ao vivo, diante de uma audiência de milhões de pessoas – uma perspectiva intimidante para qualquer artista jovem – ela tinha ensaiado tão bem em um nível energético, que fez apresentações impecáveis e impressionantes. Um dos juízes comentou que ela tinha "cantado com a alma". Enquanto ela cantava, a sua energia era completamente coerente, cada célula dançava em modo de amor, o que a tornava carismática e cativante no palco, e liberava a plena força e a potência da sua voz. Ela teve amigdalite durante o concurso, mas recusou-se a se recriminar, confortou-se com a ideia de que todo mundo fica doente e simplesmente ensaiou as músicas na imaginação (como vinha fazendo havia anos). Enquanto outros candidatos pareciam esmagados pela repentina mudança na vibração necessária para lidar com a fama repentina, ela vinha sonhando havia muito com o caminho em direção a esse eu futuro – e brilhou como um farol.

A visualização é uma ferramenta poderosa para a criação da realidade. O cosmos enviará para você o que quer que esteja em harmonia com as suas vibrações, de modo que se você passar algum tempo todos os dias sonhando alegremente acordado a respeito do seu futuro, você o atrairá para si. Você pode imaginar que está tendo êxito em uma entrevista de emprego, que está passeando de mãos dadas com a pessoa que você ama, que está participando de uma maratona ou mudando-se para a sua casa nova. Quanto mais real parecer a cena, mais fortemente você a está atraindo para você. O Universo não distingue entre uma experiência real e uma imaginária; ele simplesmente reage às suas vibrações. Se você sustentar sistematicamente a energia de um eu futuro, mais cedo ou mais tarde a realidade *terá* que se encaixar no lugar para ser compatível com ela.

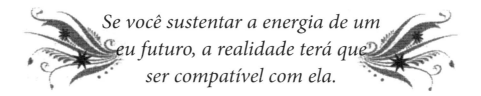

Se você sustentar a energia de um eu futuro, a realidade terá que ser compatível com ela.

Torne a sua energia coerente

Você algum dia já se perguntou por que um raio *laser* tem um poder tão intenso – como ele produz uma luz capaz de cortar o metal? O segredo de um raio *laser* é a sua energia altamente coerente e concentrada, ou seja, as suas ondas de luz se curvam na mesma direção ao mesmo tempo e trabalham em sincronia, de modo que se reforçam, em vez de cancelar, umas às outras. Elas também se concentram intensamente em uma pequena área. Em contrapartida, a maior parte da energia emitida por uma lâmpada elétrica é desperdiçada na interferência destrutiva. Para quase toda onda de luz que se curva para cima a partir do filamento, outra se curva para baixo e a neutraliza, enquanto outras se deslocam em todas as direções; desse modo, uma lâmpada elétrica é incrivelmente ineficiente. A energia dela é predominantemente incoerente e difusa. Ela não é muito mais luminosa do que uma vela.

O raio *laser* diz sim-sim, sim-sim, sim-sim, ao passo que a lâmpada elétrica diz sim-não, sim-não, sim-não ou talvez isso, talvez aquilo – uma forma de autossabotagem. Uma lâmpada elétrica é como um dançarino desajeitado dançando um chá-chá-chá – um passo à frente, um passo atrás, um passo para o lado – e perguntando a si mesmo porque faz tão pouco progresso. Um raio *laser* é mais como um atleta correndo a toda velocidade em direção à linha de chegada, sem jamais tirar os olhos do seu objetivo. Se a energia de uma lâmpada elétrica fosse coerente, ela seria milhares ou até mesmo milhões de vezes mais poderosa.[27]

O sistema de energia humano tende a se parecer mais com uma lâmpada elétrica do que com um raio *laser*. Os sinais de rádio que enviamos para o Universo a respeito de qualquer assunto frequentemente dizem sim-não, sim-não, sim-não, sim-não. Dançamos para trás e para a frente, para trás e para a frente, entre os nossos desejos e a nossa resistência – entre o modo de amor e o modo de medo A nossa energia é dividida. O nosso eu superior está dizendo sim e nos chamando na direção dele, mas o nosso ego medroso está dizendo não. Desse modo, a vida permanece mais ou menos do mesmo jeito, embora conscientemente possamos desejar que ela mude. Às vezes até mesmo dizemos sim-não-não, sim-não-não, sim-não-não – de modo que as coisas ficam ainda piores. Para cada passo à frente, damos dois passos para trás. ("Sim, eu quero isso, mas vou lhe dizer como a minha vida está horrível no momento *e* como tenho sido tratado injustamente.") Amor-medo-medo. Mas se você conseguir ao menos dizer sim-sim-não, sim-sim-não, as coisas começarão lentamente a mudar para melhor. ("Sim, eu quero que isso aconteça e acredito que chegarei lá, mas ainda duvido de mim mesmo às vezes.") Amor-amor-medo.

Se você conseguir sistematicamente dizer sim-sim-sim – deliberadamente se mantendo em modo de amor – a realidade se metamorfoseará de maneiras extraordinárias. Você terá se tornado um raio *laser* e estará avançando em direção ao seu vasto potencial criativo. O Universo poderá então enviar-lhe o que quer que você tenha pedido – às vezes com uma incrível velocidade.

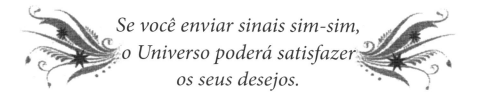

Se você enviar sinais sim-sim, o Universo poderá satisfazer os seus desejos.

Algumas pessoas são naturalmente positivas. Se você foi criado em uma família alegre e amorosa na qual as necessidades e emoções de todos eram respeitadas, com pais que o adoravam e queriam que você fosse feliz em vez de "bom", que encaravam a vida como um presente maravilhoso e acreditavam que os sonhos podem se tornar realidade e de fato se tornam, os seus pensamentos tenderão a ser como raios *laser*. As suas células funcionarão principalmente em modo de amor. Você amará e aceitará melhor a si mesmo e os outros. Confiará nos seus sentimentos. Você se sentirá seguro no mundo. Presumirá que os seus desejos serão satisfeitos. O cosmos derramará diariamente presentes aos seus pés, e você ficará encantado com cada experiência.

No entanto, se a sua infância não foi propriamente o que consideraríamos ideal, como é o caso da maioria da raça humana, mesmo assim você pode *se tornar* um raio *laser*. Você tem apenas um pouco mais de trabalho pela frente. Os seus pensamentos precisam se tornar mais conscientes e deliberados. Você provavelmente cresceu com hábitos de pensamento do tipo chá-chá-chá, o que tornou a sua energia incoerente, como a convicção íntima de que você precisa conquistar ou merecer o amor, de que você não está seguro, de que pode ser uma vítima, de que pode fazer escolhas inadequadas ou erradas, de que não pode confiar nas suas emoções, de que precisa seguir regras definidas por outras pessoas, cumprir o seu dever ou se sujeitar às expectativas dos outros. Essas convicções farão com que você entre em modo de medo na presença de qualquer indício de ameaça ou desaprovação, e interromperão a sua ligação com a Fonte.

Se você foi criado com controle e manipulação, você passa a se concentrar nas necessidades das outras pessoas e nas maneiras de agradar a elas – você perde o contato com a sua própria orientação emocional. "Faça com que eu me sinta orgulhoso de você." "Não chore." "Você não pode comer isso só para me fazer feliz?" "Se você não parar de se lamentar eu vou lhe dar uma palmada." "Faça alguma coisa que preste." "Seja um bom menino/menina." "Se você fizer isso, vou ficar muito triste." Em outras palavras, "Eu ficarei feliz se você se comportar dessa maneira, de modo que quero que você se comporte assim, em vez de fazer o que você deseja." Isso é amor condicional. Prestar atenção a mensagens desse tipo significa perder a si mesmo. Você entrega o seu poder aos outros. Você se sente responsável pela felicidade de outras pessoas e depois adormece e se esquece de quem realmente é. E você envia mensagens tão confusas para o Universo que os seus sonhos ficam cada vez mais fora de alcance.

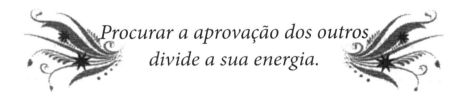

Procurar a aprovação dos outros divide a sua energia.

Entre no fluxo

Como você pode saber se a sua energia está incoerente? Em primeiro lugar, você sente uma emoção negativa ou tensão. Isso é garantido. É o seu sinal de advertência de que a energia não está fluindo livremente em direção aos seus desejos. Você não está em sincronia consigo mesmo. Você está alimentando pensamentos que contradizem os pensamentos do seu eu superior, que está sempre em modo de amor. Pegue esses pensamentos – e reverta-os! Segundo, você pode se sentir cansado ou ter sintomas físicos de algum tipo, o que é outro sinal de alarme. Em terceiro lugar, você se sente confuso ou ambivalente. Você não está seguro com relação ao que realmente deseja, da direção que deve tomar ou está se sentindo dividido entre seguir o seu coração e fazer o que os outros esperam que você faça. Você desperdiça uma grande quantidade de energia tentando tomar decisões e poderá permanecer preso durante meses ou anos em uma situação que parece insatisfatória ou dolorosa. Os seus sonhos parecerão estar bloqueados ou você se sentirá encurralado e impotente – e quanto mais você tenta, pior você se sente. Você está sabotando os seus próprios desejos. Você se tornou uma lâmpada bruxuleante, que oscila entre o amor e o medo.

Vamos supor que haja uma promoção em vista no trabalho ou que você tenha visto o anúncio de um emprego – e você esteja muito interessado em consegui-lo. Como você pode se tornar um raio *laser*? Comece avaliando se você está, de algum modo, resistindo ao emprego. Se você conseguir pensar nele e se sentir feliz, entusiasmado e relaxado, sem nenhum indício de ansiedade ou dúvida, a sua energia está harmoniosa. Você se sentirá confiante, e é praticamente certo que o emprego virá a você. No entanto, se o fato de você pensar nele provoca qualquer tensão no seu plexo solar, você está resistindo. Significa que a sua energia está incoerente e dividida. Quanto mais desesperançado ou negativo você se sentir, maior a sua resistência, e mais você terá que trabalhar interiormente.

Preste atenção aos seus pensamentos a respeito de se candidatar a esse emprego. Talvez você esteja dizendo a si mesmo que tem pouca experiência, que não têm competência suficiente, que o seu chefe não gosta de você, que você não se dá bem em entrevistas, que certamente vão oferecer o cargo a fulano de tal, ou que outra pessoa precisa ou merece mais o emprego do que você. Esses são pensamentos do tipo chá-chá-chá que contradizem o seu desejo. Lembre-se de que o Universo já preparou o emprego para você. No momento em que você sentiu a onda de desejo, o Universo disse sim! Peça e será atendido. A única incerteza é se você é capaz de enviar sinais sim-sim em vez de sim-não, ou seja, se você é capaz de harmonizar o seu desejo com as suas convicções e expectativas. Sempre que você der um passo para trás, sentirá uma emoção negativa advertindo-o de que a sua energia está dividida. Qualquer pensamento de ansiedade, dúvida ou insegurança significa que você está sabotando a si mesmo. Por outro lado, qualquer pensamento de desejo, fé, confiança, segurança ou até mesmo de esperança ajudará a tornar a sua energia mais coerente.

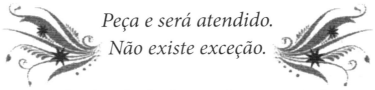

Peça e será atendido.
Não existe exceção.

Talvez você tenha identificado algumas ideias e convicções negativas. O que fazer então? Em vez de considerar esses pensamentos como sendo "verdadeiros" e até compartilhar os seus receios, dúvidas e negatividade com outras pessoas – o que só faria reforçá-los – você deliberadamente escolhe pensamentos que fazem com que você se sinta melhor, que cause uma sensação de alívio. Você usa os seus sentimentos para entrar no fluxo. Você recorda seletivamente as ocasiões em que o seu chefe e outras pessoas o elogiaram. Você lembra a si mesmo que outras pessoas que você conhece foram promovidas apesar da falta de experiência. Faz uma lista de todas as razões pelas quais esse emprego seria perfeito para você e por que você é perfeito para ele. Você descarta, rindo suavemente, qualquer pensamento que lance alguma dúvida sobre a possibilidade de você obter esse emprego – como se você estivesse envolvendo com os braços a Criança interior, amando-a e tranquilizando-a. Você lembra o tempo todo a si mesmo que precisa ser como um raio *laser*, que só emite sinais positivos a respeito dessa oportunidade.

Você poderá fazer a seguinte pergunta aos seus botões: "E se outra pessoa também quiser muito esse emprego? Como o Universo poderá dizer sim a nós dois?" O emprego irá para quem estiver em maior harmonia com a Fonte. E se ambos estiverem em sintonia com a Fonte, o Universo encontrará uma maneira milagrosa de satisfazer as necessidades de ambos. Entretanto, o fato de você alimentar sentimentos de rivalidade – querendo superar uma pessoa, ou não querendo prejudicar alguém – dividirá a sua energia. (Especialmente se você for inglês, como eu, já que somos treinados para ser extremamente educados e amáveis!) Dizer a frase: "Se eu não conseguir este emprego, algo ainda melhor acontecerá" pode ser útil. Ou então: "Se este for o emprego adequado para mim, ele será meu". Diga aos seus botões qualquer coisa que o ajude a relaxar. Se uma ideia parecer reconfortante ou liberadora, ela está no fluxo para você.

O Universo possui recursos ilimitados. Pode criar empregos maravilhosos (ou casas, relacionamentos e prêmios) para todo mundo! Ele se expande de acordo com os seus desejos. Sempre que você acredita na falta, na escassez ou na competição, você está interrompendo a sua conexão com a energia da Fonte. Você está resvalando no erro. Está se esquecendo de que essa é uma realidade semelhante a um sonho que você está criando – e que você pode ter tudo o que quiser.

A minha amiga Charlotte ficou arrasada quando a casa que tanto desejava foi vendida antes que ela pudesse liberar a sua poupança para dar a entrada. Depois de ficar deprimida e se desesperar durante algum tempo, ela lembrou a si mesma que tudo funciona perfeitamente, e que algo ainda melhor deveria estar a caminho. Ela definiu claramente como seria uma casa melhor do que aquela. De fato, a casa perfeita foi colocada à venda poucos meses depois, em um local mais conveniente para ela, a um preço menor e que até mesmo tinha no jardim um córrego que descia da montanha, o que tornou realidade um dos seus sonhos de infância.

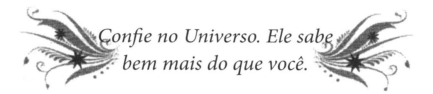

Confie no Universo. Ele sabe bem mais do que você.

Se você alimenta um sonho há muito tempo, e ele ainda não aconteceu, você pode ter certeza de que está fazendo o chá-chá-chá. O seu desejo não está em harmonia com as suas convicções e expectativas. Ou talvez você esteja sempre constatando que ele ainda não aconteceu, o que traz à tona a dúvida, a desconfiança ou a insegurança. Você precisa lembrar a si mesmo que este é um Universo amoroso. Precisa recordar a lei da atração. Tem que ter fé, acreditar, *saber* que se você antevir com alegria a realização de um sonho, ele terá lugar. Pode não acontecer da maneira como você espera, do jeito que você espera ou exatamente quando você espera – mas a realidade precisa necessariamente, mais cedo ou mais tarde, se harmonizar com as suas vibrações. (E se as suas vibrações forem coerentes, isso acontecerá mais cedo do que tarde.)

A saúde e a resistência

Isso significa que você poderia potencialmente superar um distúrbio genético ou tornar novamente inteiro um corpo danificado? Se você acreditar que pode, potencialmente sim. Esses milagres podem parecer inverossímeis ou improváveis, mas trata-se de uma realidade psicoenergética. A energia é capaz de se dobrar e se torcer, assumindo qualquer forma que você deseje. Os únicos limites são aqueles nos quais você acredita. A única lei imutável é a lei da atração. Quando Roger Bannister correu uma milha em menos de quatro minutos, muitos corredores logo seguiram os seus passos. Ele rompera a barreira *psicológica* da crença. Do mesmo modo, pelo menos teoricamente, é possível pegar um caso confirmado de uma pessoa que tenha revertido uma doença hereditária ou desenvolvido novamente um membro amputado antes que outros acreditem que isso seja possível, e seguir o exemplo. Estamos aprendendo agora com a nova biologia, por exemplo, que é a nossa *consciência* que determina os genes que são ativados dentro do nosso corpo.[28] Em outras palavras, não somos vítimas da nossa hereditariedade. O corpo físico é projetado para ter uma saúde vigorosa e um magnífico bem-estar, e é somente a nossa energia-consciência que pode "mantê-lo" em um estado danificado ou enfermo – como alguns médicos e cientistas hoje estão afirmando.[29] Mude a sua consciência e você mudará a sua saúde.

Se você acreditar que está doente, você manterá o seu corpo nesse padrão, chegando até mesmo a intensificá-lo, já que obtemos aquilo em que nos concentramos. É por esse motivo que os diagnósticos médicos podem ser extremamente desvantajosos. Deepak Chopra escreve[30] a respeito de um amigo que morreu de câncer no pulmão dois meses depois de um pequeno tumor ter sido descoberto no seu raio X. Depois que ele morreu, um antigo raio X foi encontrado – e ele mostrou que essa mesma sombra já existia no seu pulmão cinco anos antes. Não foi o câncer no pulmão que o matou, e sim o diagnóstico. (Ou melhor, a maneira como ele *reagiu* ao diagnóstico.) O interessante é que o homem havia evitado consultar-se com um médico porque temia que um diagnóstico de câncer "iria deixá-lo morto de medo"; e ele estava absolutamente certo.

Os diagnósticos às vezes podem ser úteis; quando, por exemplo, você anda preocupado, mas o médico o tranquiliza garantindo que você tem um problema que pode ser facilmente resolvido. Mas se você costuma acreditar no que os "especialistas" lhe dizem, marque consultas apenas com médicos descontraídos e otimistas, e confie na incrível capacidade do seu corpo de curar a si mesmo – ou pelo menos acredite que as técnicas e recursos do médico o deixarão curado!

O seu corpo é projetado para ter uma saúde vigorosa e um magnífico bem-estar.

O corpo não é uma realidade fixa e sólida. É um sistema de energia dinâmico. Ele espelha a sua consciência e refletirá com perfeição a sua autoimagem e as convicções que você tem a respeito da saúde e do envelhecimento, além de reproduzir o seu estado de resistência atual. Se a sua energia for predominantemente coerente, é pouco provável que você tenha problemas de saúde. Se você tem a tendência de girar em torno da frustração ou da irritação, em um nível médio de resistência, você poderá sofrer pequenos problemas como dor de cabeça, indigestão, eczema ou alergia. Se você costuma resistir com mais intensidade ao fluxo e frequentemente fica zangado, crítico, recriminador ou se sente moralmente superior aos outros, você poderá ficar vulnerável a úlceras, osteoartrite, enxaqueca, pressão alta ou palpitações cardíacas. Se você alimenta com frequência um sentimento de culpa ou se sente envergonhado, inadequado, encurralado ou desesperado – ou ainda se se concentra constantemente no que é mau, errado ou perigoso – a energia conflituosa dentro de você acaba deixando o seu corpo vulnerável a enfermidades potencialmente fatais e graves doenças autoimunes como o câncer, o acidente vascular cerebral, o lúpus ou a aterosclerose coronariana.

Isso não é desculpa para que você se recrimine por ficar doente, censurando e humilhando a si mesmo, e dessa maneira piorando o seu estado de saúde. (Lembre-se de que a censura sempre transmite uma sensação má e debilitante, ao passo que a responsabilidade é positiva e fortalecedora.) Para muitas pessoas, a enfermidade e a doença representam um enorme estímulo para o seu crescimento pessoal e espiritual. É uma oportunidade enviada pelo céu que favorece o crescimento e a liberdade. Não existe nenhuma doença incurável – embora uma enfermidade potencialmente fatal possa ser apenas uma maneira de "escolher" morrer (e não há nada errado com a morte). Mas se você está doente e deseja ficar bom, a jornada em direção à saúde e ao bem-estar é a mesma que empreendemos para fazer qualquer sonho se tornar realidade: a liberação da resistência.

A causa subjacente da doença é sempre vibratória: hábitos insatisfatórios, falta de confiança da sua orientação emocional e estar fora de sincronia com quem você realmente é. Ficar saudável consiste em liberar a resistência – reconfortando-se e tranquilizando-se, amando incondicionalmente a vida e a si mesmo, tendo em vista um futuro positivo, usando os seus sentimentos para entrar no fluxo e harmonizando os seus desejos com as suas convicções e expectativas.

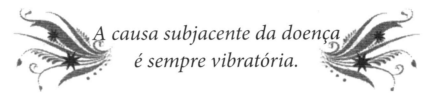

A causa subjacente da doença é sempre vibratória.

Muitas pessoas partem do princípio de que ter uma abordagem positiva diante da vida significa que devemos descartar a medicina alopática, que tende a desconsiderar as origens psicoenergéticas da doença, trata os sintomas em vez das causas, as partes em vez do todo – e nos ensina a buscar a cura do lado de fora com os "especialistas", em vez de procurá-la dentro de nós mesmos. Mas essas regras não existem, já que todo mundo tem a sua orientação emocional exclusiva. Se você tiver um problema de saúde, recorra a quaisquer abordagens que confiram a *você* um sentimento de alívio, esperança e otimismo. O método é bem menos importante do que a maneira como você *se sente* com relação a ele. Se a sensação for boa, use-o! A medicina moderna tem muita coisa a oferecer, e muitos médicos são verdadeiros agentes de cura. No entanto, não aceite nenhum tratamento dizendo a si mesmo que ele fará mal a você, já que o seu corpo reagirá de um modo condizente com isso. Reconforte e tranquilize a si mesmo. Transmita ao seu corpo mensagens positivas, independentemente da sua escolha. Além disso, na medida do possível, consulte-se apenas com profissionais de saúde que o tratem com respeito como um igual, em vez de se esconder atrás de uma função, e que façam você se sentir estimulado, seguro e confiante com relação ao seu corpo – e que o fortaleçam; ou seja, profissionais que estão em modo de amor e não em modo de medo.

O chá-chá-chá

Você não precisa estar sempre pedindo o que você quer. O Universo o ouviu na primeira vez. Você tem simplesmente que parar de dançar o chá-chá-chá. Isso significa parar de fazer força contra o que você não quer – "Não quero essa doença, não quero essas dívidas, não quero esse relacionamento doloroso, não quero a guerra no Oriente Médio" – e concentrar-se no que você deseja. Parece simples e direto – e a sensação é boa – mas não é o que estamos acostumados a fazer! Somos treinados a focalizar o que é mau, errado ou está faltando, o que precisa ser corrigido, ou de que maneira o mundo ou as outras pessoas precisam mudar. Estamos acostumados a remoer os problemas. No entanto, todas as vezes que você se lastima, não concorda com alguma coisa, se queixa ou mesmo analisa o Que Existe, você sustenta a vibração do Que Existe – e portanto atrai uma quantidade maior dela. (E como saber se você está se concentrando no que você *não* deseja? Você tem uma sensação ruim.)

Então como se tornar um raio *laser*? Abandone a resistência. Pare de construir represas no seu rio. Pare de remoer o que é mau, errado ou está faltando. Pare de dizer a si mesmo por que você não pode ter o que deseja, de sentir pena de si mesmo ou de tentar fazer com que os outros concordem com você a respeito de como a sua situação é horrível. Pare de analisar o que está "errado" com você ou com os outros. Pare de pensar em quem está bloqueando o seu caminho, no motivo pelo qual uma outra pessoa precisa mudar o comportamento dela ou em quem é o culpado. Pare de justificar ou explicar por que você está tão bloqueado, indefeso, doente ou sem dinheiro – ou por que a situação atual o faz se sentir mal. Pare de falar sobre o que não quer. Pare de culpar o passado. Pare de se sentir uma vítima. Pare de entregar o seu poder aos outros e dê permissão a si mesmo para ser um aprendiz de deus ou de deusa.

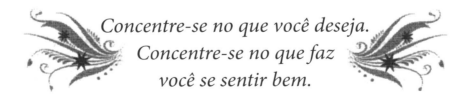

*Concentre-se no que você deseja.
Concentre-se no que faz
você se sentir bem.*

Em outras palavras, pare de pensar a respeito de problemas e concentre-se em soluções. Concentre-se em aonde você quer ir. Pare de dizer: "Sim, mas..." – e diga apenas sim. Concentre-se no resultado que você deseja e mantenha o seu foco tão puro e firme como um raio *laser*. Não dê atenção à opinião ou aos conselhos de ninguém, por mais "qualificados" ou bem-intencionados que possam ser, *a não ser que façam você se sentir bem*. Evite compartilhar os seus sonhos com aqueles que possam lançar dúvidas ou sombras, ou fazer críticas, a não ser que você seja capaz de desprezar os comentários deles. Livre-se de qualquer ansiedade ou dúvida a respeito do futuro. Independentemente do que quer que esteja acontecendo neste momento, ou que tenha ocorrido no passado, descubra uma maneira positiva de olhar para a situação. Faça as pazes com ela. (Em vez de se recriminar por ter sofrido um acidente de carro, congratule-se por ele ter sido tão sem importância ou por você ter sobrevivido. Em vez de sentir pena de si mesmo por causa de um relacionamento abusivo, repare como ele desenvolveu a sua força interior e a autoconsciência.) Se algum pensamento ainda lhe dá uma pontada de tensão, descubra outra maneira de olhar para ele. Esse é o trabalho de tornar-se um criador consciente da realidade.

Uma vez que você consiga pensar em um assunto – como dinheiro, relacionamentos, saúde ou trabalho – e sistematicamente se sentir feliz, relaxado e confiante, o que você deseja está a caminho. A evidência pode ainda não estar na realidade física, mas isso é apenas uma questão de tempo. É como uma semente irrompendo na vida debaixo da terra; você ainda não pode ver nada, mas os seus *sentimentos* lhe dizem se ela está crescendo de um modo saudável. As suas emoções (que indicam as suas vibrações) são a sua linha de telefone direta com a Fonte. De acordo com Abraham,[31] mais de 99% de qualquer manifestação está completa antes que haja qualquer evidência da sua existência. Desse modo, você tem que continuar a acreditar e ter certeza. Não retroceda à dúvida ou ao desânimo (modo de medo). Se você se sentir bem quando pensar no assunto, o que você deseja está a caminho.

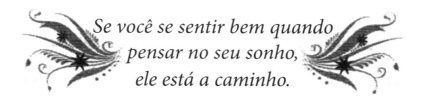

Se você se sentir bem quando pensar no seu sonho, ele está a caminho.

O anseio e a energia contraditória

Um dos problemas é que quanto mais ardentemente você deseja uma coisa, mais forte tende a ser a sua resistência. Por quê? Porque qualquer desejo *intenso* indica que o que você quer está atualmente bem além do seu alcance vibratório. Se ele estivesse facilmente ao seu alcance, você simplesmente teria o desejo e esperaria que ele acontecesse – e é exatamente o que ocorreria, sem nenhum esforço. Mas quando a Fonte o chama em direção a um grande sonho coberto de ouro em pó, e você capta um sopro desse eu futuro e anseia por assimilá-lo, por transformar-se nele, por viver nessa maravilhosa realidade com consequências para toda a vida – mas ao mesmo tempo duvida seriamente de que isso seja possível ou até mesmo "permitido" – você se lança em um conflito. Essa é a dor da resistência, o abismo entre o seu ego (ou personalidade) e o seu eu superior. O abismo entre o seu eu socialmente condicionado e quem você realmente é. Agora então você tem algum trabalho para fazer: entrar em harmonia com o seu eu superior, para que o seu sonho chegue à realidade física.

Com frequência é mais fácil criar uma coisa que não desejemos desesperadamente. Uma amiga se lembra de estar olhando pela janela certo inverno e desejar ter um pouco de alpiste para dar para os pássaros selvagens. Foi apenas um pensamento passageiro. Minutos depois, um vizinho que estava arrumando as malas porque estava de mudança telefonou perguntando se ela gostaria de ficar com um saco grande de alpiste. Peça e será atendido! A manifestação instantânea geralmente acontece quando não oferecemos nenhuma resistência a um desejo – ou quando as nossas vibrações estão muito elevadas. Quanto maior a resistência, mais tempo temos que esperar.

O anseio ou o desespero sempre indicam uma energia altamente contraditória: um enorme desejo combinado com uma dolorosa resistência. Um enorme desejo sem nenhuma resistência conduziria a um passeio revigorante nas corredeiras – um avanço prazeroso em direção ao seu sonho, sem um único momento de medo ou de dúvida. No entanto, qualquer resistência conduz a uma montanha-russa de emoções enquanto você oscila entre imaginar o que você quer e por que isso irá acontecer, e dizer a si mesmo que é improvável, como os outros poderiam ficar aborrecidos ou por que você não o merece ou nem mesmo deveria desejá-lo (dizendo não ao seu desejo). Se esse vaivém se tornar por demais angustiante ou exaustivo, você poderá fazer a opção de desistir do seu desejo com um suspiro, e dizer aos seus botões que se tratava de um sonho impossível; era "bom demais para ser verdade". Ou então você poderá continuar a se torturar com a ideia, sem dar permissão a si mesmo para se aproximar dela. Mas nada é bom demais para ser verdade. Lembre-se de que essa é uma realidade psicoenergética. Ela não é real e sólida. A sua vida é um sonho que você está transformando em realidade. Não existem sonhos impossíveis, apenas criadores da realidade desleixados e preguiçosos. Apenas pessoas que resvalaram para o modo de medo.

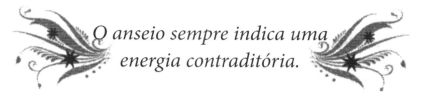

O anseio sempre indica uma energia contraditória.

Em vez de desistir do seu sonho, você pode trabalhar para colocar as suas convicções e expectativas em sincronia com o seu desejo. Isso exige mais esforço do que desistir do seu desejo, fingir que ele na verdade não era importante para você ou mantê-lo a distância, mas é imensamente mais satisfatório! Essa é a alegria envolvida no processo de criar as coisas em conjunto com o cosmos. Além disso, a verdade é que quando abandonamos um desejo sincero ficamos nos sentindo vazios e desgastados. Uma vez que você capta um sopro desse sonho, não há mais volta. Você pode dizer a si mesmo que está sendo realista, prático ou responsável, mas a verdade é que você traiu a sua alma. Você sempre ansiará secretamente por esse sonho. Afinal de contas, o presente estava à sua disposição. O Universo já tinha dito sim. Tudo que você precisava fazer era penetrar nesse futuro em um nível energético, mas em vez disso você se agarrou às suas razões para não aceitar o presente. Você recuou ao mundo do medo e da reprovação, e tornou-se uma lâmpada elétrica bruxuleante.

Uma recente cliente minha vinha tentando adotar uma criança havia cinco anos. Ao se sentar no meu consultório, ela começou a dissertar queixas a respeito de como os assistentes sociais eram incompetentes, de como o sistema de adoção era falho e errado e de como o fato de ela estar sendo impedida de adotar uma criança era absolutamente indefensável. Além disso (surpresa, surpresa) ela conhecia muitas pessoas que se sentiam da mesma maneira! Como ela lera os meus livros, tive que apertar o botão "Pause" para lembrar-lhe que ela criava a sua própria realidade, e que a única pessoa que poderia impedi-la de encontrar uma criança era ela mesma. Foi quando ela imediatamente começou a se recriminar por ter feito *aquilo,* por todos os "problemas" que ela tinha, e ainda por que a sua infância desajustada era culpada de tudo! Eu ouvi durante algum tempo e depois não consegui reprimir uma risadinha. Em seguida, rimos juntas pelo fato de que o seu futuro filho talvez estivesse esperando que ela aprendesse a pensar de uma maneira mais positiva para poder entrar na vida dela! Quem deseja uma mãe que se lamenta e choraminga, e ainda por cima se considera uma vítima?

A maioria das pessoas pode se resvalar nesse padrão destruidor de vez em quando. (Eu certamente posso, e consigo ensinar muito bem esse assunto!) Sempre que temos um desejo intenso, frequentemente desenvolvemos hábitos de pensamento bem exercitados para explicar o motivo pelo qual não estamos conseguindo o que queremos e como isso é errado, remoendo repetidamente essas ideias em vez de procurar alimentar pensamentos que nos proporcionem bem-estar, que nos fortaleçam, pensamentos que tornarão realidade o nosso desejo. Quanto mais intenso o desejo, mais atentamente você precisa ouvir a sua orientação emocional, já que até mesmo uma pequena resistência o deixará extremamente infeliz *e* impedirá o seu sonho de se tornar realidade.

Concentre-se no positivo

Quando você desejar uma coisa, não dê atenção ao que é realista ou verdadeiro, *a não ser* que isso promova o seu desejo. A realidade é um caleidoscópio em constante mudança que você tem nas mãos. Você o molda como argila a cada pensamento. A realidade pode produzir evidências que respaldem qualquer convicção, já que é assim que funciona a lei da atração.

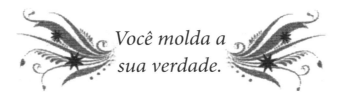

Você molda a sua verdade.

A tarefa da criação da realidade é concentrar-se nos aspectos da "verdade" que favorecem os seus sonhos e desejos, deixando os outros de lado. Essa tarefa é até mesmo inventiva, de modo que você pode simplesmente *imaginar* o que você deseja. Pare de pensar no passado, a não ser que a sua intenção seja extrair dele memórias prazerosas que o façam vibrar de felicidade. Busque fragmentos de conversas ou citações úteis de livros. Faça uma busca na Internet ou assista a filmes e documentários a respeito de pessoas que alcançaram o objetivo que você tem em mente, usando-as como inspiração. Imagine como elas se sentem. Entre em sintonia com as vibrações delas. Faça uma colagem com fotos, notícias e imagens que o façam pensar no seu desejo. Cerque-se de pessoas que realizaram um sonho semelhante. Se você deseja um relacionamento amoroso e afetuoso, pare de andar com casais que não se dão bem ou com pessoas solteiras que deploram a própria sorte. Se você quer ser rico, evite amigos que se queixam das contas, das dívidas e das limitações financeiras, pelo menos até que você seja capaz de escutar mantendo-se à distância das convicções deles. Imagine que você já alcançou o seu sonho. De que maneira você pensa, sente e age diferente agora? Comece a sustentar a energia do seu eu futuro.

O que acabo de dizer pode dar a impressão de que você estará enterrando a cabeça na areia ou sendo exageradamente otimista, mas é exatamente essa atitude que mudará o seu futuro. Nada mudará enquanto você não mudar. Entretanto, isso não quer dizer que você deva *fingir* que é feliz e desprezar as emoções negativas. Os seus pensamentos e palavras têm que ser condizentes com as suas vibrações (o que significa ser autêntico). O fingimento e a negação nunca o levarão em direção aos seus sonhos. Você nunca consegue enganar o Universo com mentiras ou falsos sorrisos. Ele reage à verdade das suas vibrações – a *como você se sente*. Você precisa estar constante e sensivelmente em sintonia com a maneira como se sente, e ser guiado pelas suas emoções para encontrar pensamentos, memórias, conversas, situações e decisões que façam com que você se sinta bem.

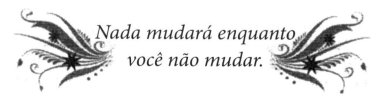

Nada mudará enquanto você não mudar.

Construindo os seus sonhos

Se um sonho parecer muito fora de alcance, se ele o faz balançar a cabeça com descrença, comece com um objetivo menos desafiante.

Não tenha em mente um salto quântico nas suas vibrações da noite para o dia, caso contrário é bem provável que você quebre a cara. Em vez de imaginar a casa dos seus sonhos, que tal pensar por enquanto em uma casa um pouco maior do que aquela onde você mora, com um bonito jardim? Em vez de ter como meta escrever um *best-seller*, que tal pensar em publicar o seu primeiro artigo ou poema? Em vez de atrair a sua alma gêmea, que tal se satisfazer por enquanto com uma pessoa que seja uma companhia encantadora para ver no que vai dar? Em vez de ter como objetivo uma saúde perfeita, caso você esteja gravemente doente, tenha em vista ir ficando um pouco mais em forma e ter mais mobilidade a cada semana. Você resistirá infinitamente menos e avançará na direção certa.

Se você não conseguir pensar em um assunto que lhe proporcione essa sensação crucial de alívio – ou de prazerosa expectativa – existe uma alternativa. Concentre a atenção em outra coisa. Algo que o faça se sentir feliz e agradecido. Algo que ajude a energia da Fonte a fluir através de você. Algo que liberte a sua resistência. Sempre que você se sente incrivelmente feliz, você é um raio *laser*. Não importa o que você esteja pensando ou fazendo, desde que esteja se sentindo bem. O Universo conhece muito bem o seu desejo e o enviará para você assim que conseguir se esgueirar através da sua resistência; assim que as suas vibrações estiverem sistematicamente elevadas. Você não precisa ser um raio *laser* perfeito. O Universo não é um capataz durão. Tudo o que você precisa fazer é enviar mais sinais positivos do que negativos e não terá que esperar muito tempo.

Depois de passar três dias escolhendo deliberadamente apenas pensamentos e atividades que fazem com que você se sinta bem, você receberá algum sinal ou sincronismo que irá confirmar que você está avançando na direção certa. Dentro de três semanas, você poderá começar a transformar a sua vida de uma maneira impressionante.

E se você achar que não pode ser feliz enquanto não tiver obtido o emprego, o dinheiro, o prêmio, a realização, a casa ou o estado de saúde que você tanto deseja? O paradoxo é que você não conseguirá nada disso enquanto não for feliz como você está no momento, já que esse anseio desesperado mantém o seu desejo afastado de você! Enquanto você continuar a afirmar que ainda não tem o objeto do seu desejo, ele não poderá se manifestar. Quando você se concentra no que está errado ou ausente, esse é o sinal de rádio que você emite. A verdade liberadora é que você nunca se sente péssimo porque um sonho ainda não se tornou realidade e nem porque alguma coisa má aconteceu ou está acontecendo neste momento. Você só se sente mal porque está resistindo ao fluxo. E é essa resistência que está bloqueando o seu sonho e lhe causando mal-estar.

Você *pode* ser feliz de qualquer modo. Você *pode* se sentir melhor sem que nada na sua vida mude. (E é aí que ela muda.) É fundamental que você se sinta bem na situação em que se encontra no momento. Você está empreendendo a sua eterna jornada. Você está se saindo muito bem. Relaxe e dê boas gargalhadas. Em seguida, pense no seu desejo de uma maneira que o faça se sentir esperançoso e otimista; ou então concentre-se em outra coisa que faça você se sentir bem. Você só tem que manter a balança inclinada em uma direção positiva. Assim que você estiver acompanhando o fluxo, o sentimento de alívio se fará imediatamente presente.

Você nunca se sente mal porque um sonho ainda não se tornou realidade. Você só se sente mal porque está resistindo ao fluxo.

Se você não conseguir encontrar pensamentos positivos a respeito *desse* assunto, pense em tudo o que é maravilhoso na sua vida. Observe a beleza ao seu redor. Preencha a sua vida com simples prazeres. Medite. "Faça uma faxina" na sua casa ou escritório, desfazendo-se de tudo o que não precisa. Faça um pote de cerâmica. Cultive legumes e verduras. Pinte uma aquarela. Toque uma música no piano. Assista a uma comédia. Vá fazer *jogging* no parque. Afague o seu cachorro. Telefone para alguém que goste de você e o valorize. Ou então extravase a sua raiva em uma carta e depois ateie fogo nela, grite com a cabeça enterrada no travesseiro ou atire pratos na parede se isso fizer com que você se sinta bem. Faça o que for necessário para obter a sensação abençoada de alívio, liberdade, relaxamento, de ser capaz de respirar novamente com facilidade, o que confirma que você está avançando na direção certa.

Você agora está seguindo o fluxo. Não retroceda. Não olhe para trás. Esqueça o passado. Não fique preso a antigos hábitos de pensamento. Não dance o chá-chá-chá. Pergunte repetidamente a si mesmo, o dia inteiro: "Estou tendo neste momento um pensamento que envolve resistência ou harmonia? O que estou sentindo?"

Continue simplesmente a seguir o fluxo, e os seus sonhos logo fluirão para a sua realidade.

Apenas para você

HABITUE-SE A SONHAR ACORDADO

O devaneio ajuda a dar origem ao seu futuro eu. É a capacidade de imaginar o que você quer que o torna um cocriador com a Fonte. Imagine que você já tem o que deseja. Use todos os seus sentidos para dar vida à cena. Sinta-a. Respire-a. Ame-a. Ou simplesmente aqueça-se em recordações felizes que fazem com que você se sinta maravilhosamente bem. Divirta-se!

A visualização encerra dois segredos. Primeiro, coloque-se em uma disposição de ânimo alegre. Se você tentar visualizar quando estiver ansioso ou desesperado, poderá acabar se sentindo ainda mais desanimado. A sua energia ficará ainda mais dividida. Escolha, portanto, um momento em que esteja se sentindo bem, ou então comece fazendo um relaxamento, evocando uma lembrança feliz, sentando-se perto de uma fogueira ou tomando um banho de sol no jardim (sonho frequentemente acordada enquanto tomo banhos quentes de espuma.)

Em segundo lugar, simplesmente divirta-se. Mergulhe em um alegre devaneio e desfrute os sentimentos maravilhosos que ele provoca. Se você devanear com a intenção determinada de "tentar fazer uma coisa acontecer", estará dividindo a sua energia entre o Que Existe (ao que você está resistindo no momento) e o Que Você Deseja. Se você simplesmente aproveitar o devaneio, tornará a sua energia mais coerente e começará a vibrar em harmonia com esse eu futuro.

FAÇA UMA LISTA *LASER*

Concentre-se em um desejo – e escreva por que você quer que ele se torne realidade. (Você não precisa justificar o seu desejo. O Universo já disse sim! No entanto, ao focalizar o "porquê", você se torna um raio laser.) Prepare agora uma lista com todas as razões pelas quais esse sonho vai se tornar realidade. Inclua pensamentos, convicções e memórias que o respaldem. Afirmações que transmitam uma sensação agradável. Comentários proveitosos ou positivos dos amigos ou da família. Exemplos relevantes da vida de outras pessoas. A certeza de que o Universo respalda todos os seus desejos. Qualquer coisa que faça você sentir: "Sim, isso vai realmente acontecer!"

Pensamentos diferentes poderão parecer confortantes em ocasiões diversas, de modo que você deve escrever tudo o que lhe vier à cabeça. Se surgirem pensamentos negativos, escreva declarações positivas para neutralizá-los. Descubra maneiras de encarar a situação que façam com que você se sinta melhor. Lembre o tempo todo a si mesmo que você deve ser um raio laser. *Mantenha a sua Lista* Laser *à mão, para que possa recorrer a ela sempre que pensar no seu desejo e sentir alguma coisa que não seja otimista e prazerosa.*

Capítulo 6

Aprenda a se descontrair e se desligar

*No nível do ego, lutamos para resolver os nossos problemas.
O espírito percebe que a luta é o problema.*
Deepak Chopra[32]

Há dezessete anos, dei um grande salto de fé que mudou a minha vida. Pedi demissão do meu cargo assalariado de psicóloga clínica para poder escrever o meu primeiro livro, *Living Magically*. Eu não tinha um contrato com nenhuma editora e alimentava apenas vagas ideias a respeito de como eu iria ganhar a vida no futuro, mas eu confiava em um Universo amoroso. Segui o meu coração e tive certeza de que seria guiada, passo a passo, na direção certa. Antes mesmo de terminar o livro, recebi um convite de antigos colegas para dirigir um seminário sobre as minhas ideias. Por intermédio de uma série de "coincidências", esse seminário me levou a aparecer como convidada em um programa de rádio em Londres, que despertou um enorme interesse, e em poucos meses eu me mudara para Londres, estava oferecendo seminários *Living Magically* cada vez mais populares e encontrara o meu editor.

Uma vez que você compreenda a lei da atração e a natureza da orientação emocional, você nunca mais precisará lutar por nada. A luta e o esforço sempre significam que você está resistindo. À medida que você se descontrai, relaxa e se desliga, tudo começa a fluir. À medida que você faz o que ama, você penetra no seu eu superior. O mitólogo Joseph Campbell disse: "Siga a sua felicidade... e portas se abrirão".[33] Vi isso acontecer um sem-número de vezes. À medida que você segue a sua felicidade – fazendo o que o faz se sentir bem, promovendo a si mesmo, valorizando a si mesmo e os outros, preenchendo os seus dias com pessoas que você ama, atividades que você aprecia e coisas que agradam aos sentidos – você vibra em uníssono com a alegria e o bem-estar do cosmos. E uma vez que você está em harmonia com as forças universais, os presentes e as coincidências proveitosas não estão muito atrás.

Isso significa que você deve pedir demissão amanhã do emprego que você detesta? Decididamente não. (Eu adorava o meu emprego quando pedi demissão; eu simplesmente crescera mais do que ele.) Se você odeia o seu emprego, você provavelmente não tem outra fonte fixa de renda, caso contrário já teria ido embora – de modo que você poderá criar ainda mais problemas se pedir demissão. Nunca se afaste daquilo que você não gosta; em vez disso, esclareça a situação e avance na direção do que você quer. Mude sempre a sua energia *antes* de agir. Examine as suas convicções a respeito do dinheiro e do trabalho. Defina a intenção clara de encontrar um estilo de vida do qual você realmente goste. Esclareça o que faz o seu coração vibrar. Nesse meio-tempo, concentre-se no que você aprecia a respeito do seu emprego atual, os seus colegas, o local de trabalho e tudo o que você aprendeu e conquistou. Você começará a relaxar no trabalho em vez de resistir a ele – talvez até mesmo volte a apreciá-lo – o que abrirá a porta para novas oportunidades. Talvez isso o leve a viajar pelo mundo durante um ano. Talvez a fazer um treinamento para uma nova carreira. Talvez a abrir o seu próprio negócio. Ou talvez a ser procurado por outra organização. E quando essa oportunidade chegar, ou quando a inspiração surgir, você não sentirá nenhuma dúvida ou ansiedade. Você não terá a impressão de estar tomando uma decisão corajosa. Ela parecerá inevitável e certa – e cada célula do seu corpo estará dançando de alegria.

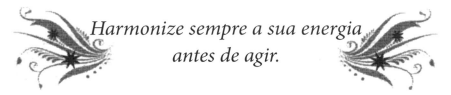

Harmonize sempre a sua energia antes de agir.

Você nunca precisa se preocupar a respeito de como ou quando uma coisa poderá acontecer. Simplesmente defina a sua intenção. O Universo é capaz de organizar todas as circunstâncias e eventos necessários no momento certo e perfeito. O momento certo diz respeito a você se harmonizar com o seu eu superior. Evite dizer: "Quero que isso aconteça na semana ou no mês que vem", já que determinar uma escala de tempo precisa gera resistência se uma parte sua não acreditar que o que você quer possa acontecer tão rápido. Você pode se lançar em um conflito. (Por outro lado, se essa atitude fizer com que você tenha uma *sensação maravilhosa*, vá em frente!) Do mesmo modo, você não precisa calcular *como* irá conhecer o seu Parceiro Ideal, como irá encontrar o emprego ou a casa ideal, como irá pagar as suas dívidas, como irá descobrir um escoadouro criativo ou resolver uma questão complicada. O universo destrinça todos os detalhes relacionados com a maneira, o momento e o lugar em que o seu desejo irá se realizar. Não tente se apressar na direção da meta, porque o fluxo o levará para lá quando tudo estiver configurado para você. Se você se mantiver vibratoriamente em harmonia com qualquer desejo, o Universo *seguramente encontrará* uma maneira de torná-lo realidade. Isso é garantido. É assim que essa realidade mágica funciona. A sua tarefa é simplesmente entrar no fluxo.

Vá com calma

O fato de sincronismos começarem a acontecer é um sinal de que você está entrando no fluxo. Você pode ligar o rádio e ouvir a música que estava cantarolando. Topar com um amigo que não via havia anos logo depois de ter tomado a decisão de tentar encontrá-lo. Ouvir por acaso uma conversa a respeito de uma viagem ao Egito, exatamente quando estava fazendo planos para visitar as pirâmides. Ou talvez você tenha os seus próprios sinais de que está em harmonia com a Fonte, como um número da sorte que aparece sempre que o Universo está dizendo "Sim, você está seguindo a direção correta". (No meu caso, os números 7 e 33 confirmam que estou no fluxo, e também avistar um arco-íris, borboletas ou minúsculas penas brancas.)

Quando você estiver no fluxo – ou seja, se sentindo magnífico e, talvez, notando alguns sincronismos – você se sentirá impelido a tomar quaisquer medidas que sejam necessárias. Você poderá sentir o impulso de comprar um jornal, entrar em uma agência de viagens ou livraria, telefonar para um antigo colega, se inscrever em um curso de observação de pássaros no seu hábitat ou ter aulas de fotografia. Confie nesse impulso!

Quando eu estava arrumando a mala para ir para Londres, onde ia ministrar um seminário, senti o ímpeto de colocar duas pilhas AA na bolsa. Dei de ombros, já que eu não estava levando nenhum equipamento eletrônico, mas mesmo assim segui o meu impulso interior. Durante o seminário, o microfone do rádio do sistema de alto-falantes de repente pifou. Como eu parecia ter previsto, precisei de duas pilhas AA. Procurei-as na bolsa e, daí a dois minutos, pude continuar a falar. Quando estamos conectados à Inteligência Infinita, é incrível o que sabemos intuitivamente!

Qualquer ação que esteja em harmonia com as forças do cosmos contém o fator da sensação agradável. Ela o energiza e parece libertadora. Parece fácil e correta. Ou então transmite uma sensação de alívio. Se a ação lhe parecer pesada, abstenha-se de praticá-la. A sensação de peso significa resistência, um sinal de aviso. Quando você sentir que está caminhando com lama até o joelho, agir faz pouco sentido. Você não está em harmonia com a Fonte e estará desperdiçando tempo e esforço. Talvez a ocasião não seja apropriada, a ação não seja sensata, você esteja alimentando pensamentos contraditórios que precisam ser examinados ou você esteja passando por cima de outras necessidades e desejos. É provável que o que quer que você faça só piore as coisas.

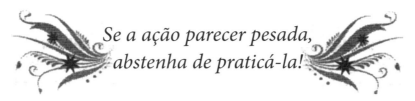

Se a ação parecer pesada, abstenha de praticá-la!

É nos momentos em que você está se esforçando para terminar um projeto no prazo e não dá atenção à sua vontade de parar para almoçar ou aceitar um convite social; que o seu computador fica propenso a pifar, que você pode sofrer um acidente de carro ou cair da escada e quebrar a perna – o que reflete as suas vibrações de estar se sentindo frustrado ou oprimido. Esforçar-se em excesso ou tentar vencer a resistência a qualquer custo é sempre um ato de autossabotagem. Significa que você está fazendo o chá-chá-chá. Em vez de exigir cada vez mais de si mesmo, dedique-se algum tempo a liberar a sua resistência e voltar para o fluxo. Essa atitude pagará enormes dividendos. Antes de dar aquele telefonema potencialmente difícil, direcione primeiro os seus pensamentos para uma direção positiva e defina uma intenção clara para o resultado; não pegue o telefone antes de estar se sentindo bem.

Se você deseja ser um cocriador consciente, permaneça em sintonia com o ponto em que você está na escada emocional (ver o Capítulo 3) e monitore os constantes altos e baixos. ("Humm, acabo de descer para a frustração ao ouvir aquele comentário. Como posso subir novamente os degraus?") Se a sua energia estiver em qualquer ponto inferior à esperança ou se você notar uma queda repentina nas suas vibrações, procure interromper toda e qualquer atividade até conseguir subir a escada de novo – ou pelo menos ter uma sensação de alívio. Agir quando você estiver fora do fluxo pode ser destrutivo, pode envolver a autossabotagem ou (na melhor das hipóteses) ser uma perda de tempo.

Na realidade psicoenergética, a solução para todo e qualquer problema é vibratória. Envolve escolher diferentes pensamentos, o que produz emoções distintas e o que, por sua vez, gera diferentes realidades. Você nunca é vulnerável ao que qualquer outra pessoa está fazendo ou a "como a vida é". Você não precisa mudar as circunstâncias ou o comportamento das outras pessoas, pois o que acontece "lá fora" se modificará uma vez que você altere as suas vibrações – ou então você verá as coisas a partir de uma perspectiva completamente diferente. E se você precisar tomar alguma medida, você se sentirá inspirado a tomá-la. Você é a única pessoa que pode impedir que os seus sonhos se tornem realidade.

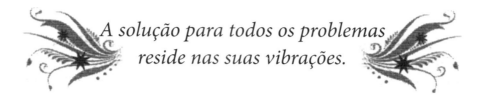

A solução para todos os problemas reside nas suas vibrações.

Como encontrar a sua alma gêmea

Se você tentar encontrar uma possível alma gêmea enquanto estiver se sentindo solitário e inseguro, por exemplo, você poderá passar todas as noites em bares e boates, navegando na Internet ou pesquisando os classificados pessoais sem encontrar um único parceiro adequado. Ou então você poderá conhecer alguém que faça você se sentir solitário e inseguro ou que reforce as suas convicções negativas. Se você iniciar qualquer relacionamento enquanto estiver chorando a perda de um antigo relacionamento, ou enquanto estiver se sentindo traído ou abandonado, estará se preparando para sentir mais dor e tristeza. Se você espera que um parceiro "o faça feliz", certamente ficará desapontado. O novo parceiro sempre será compatível com as suas vibrações no momento.

É praticamente impossível sentir-se solitário quando a sua ligação com a Fonte é forte, de modo que você deve fazer com que a sua energia flua bem, *antes* de tentar encontrar um possível novo parceiro. A sua meta deve ser sentir-se feliz, autoconfiante e apaixonado pela vida. Viva como viveria se estivesse loucamente apaixonado. Trate a si mesmo como o faria se fosse amado e adorado. Torne-se o seu melhor amigo. (Isso requer um esforço consciente e deliberado – escolher novos pensamentos e usar os sentimentos para entrar no fluxo.) Harmonize o seu ego com o seu eu superior.

Uma vez que estiver em harmonia com a Fonte, você conhecerá o seu Parceiro Ideal sem fazer nenhum esforço. Dará consigo no lugar certo no momento certo, ou será guiado em direção à ação adequada. Você poderá até mesmo sentir aquela sensação formigante de alegre expectativa e, em seguida, conhecer alguém no trem, em uma reunião de negócios ou em um jantar, ou mesmo em decorrência de um telefonema para um número errado. (Isso mesmo, ouvi falar em várias pessoas que conheceram o marido ou a mulher por intermédio de um telefonema dado para "o número errado".) Ou então você poderá de repente "reparar" em alguém que já faz parte do seu círculo social ou profissional há anos, e ver essa pessoa sob um novo prisma.

O Universo sabe exatamente onde você e o seu potencial parceiro estão, e os guiará em direção a esse ponto de encontro, desde que você esteja seguindo o fluxo. E não se preocupe se você não der atenção a um impulso intuitivo, ou ficar sem saber o que falar na presença dessa pessoa atraente, e deixar que ela vá embora. Nunca se trata de uma única oportunidade. Haverá muitas outras oportunidades.

Perdi a conta de quantas histórias "milagrosas" eu ouvi a respeito de pessoas que *conheceram* o parceiro depois de usar as minhas fitas *Attracting a Soulmate [Como Atrair uma Alma Gêmea]*, que orienta as pessoas a esclarecer o que desejam, liberar qualquer resistência e tornar-se o seu futuro eu. Uma inglesa estava navegando na Internet enquanto ouvia as minhas fitas quando o seu futuro marido americano apareceu *on-line* do outro lado do Atlântico. Várias pessoas relataram ter conhecido o futuro cônjuge enquanto as fitas ainda estavam no correio, pois haviam definido uma intenção clara! Liberar a resistência não precisa ser um bicho de sete cabeças. Você nem mesmo precisa de terapia. (Na realidade, a terapia pode aumentar a sua resistência caso você se concentre no que está "errado" ou em quais são os seus problemas.) Você não precisa se esforçar muito. Pode simplesmente se acalmar, relaxar e confiar – enquanto o cosmos põe mãos à obra.

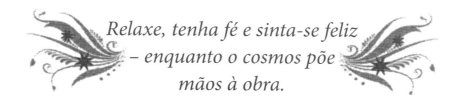

Relaxe, tenha fé e sinta-se feliz – enquanto o cosmos põe mãos à obra.

O poder de se desligar

Ouvi falar de um médico que desejava encontrar um sócio que tivesse qualificações complementares às suas para abrir um centro de medicina holística. Ele começou a procurar a pessoa adequada por meio de uma busca completa e bem-planejada nas associações profissionais, nas listas telefônicas e na Internet – e depois se deu conta de que estava se esforçando demais. O processo estava ameaçando absorver o seu tempo livre e estava sendo tremendamente enfadonho. Ele resolveu então acreditar que os seus planos para encontrar alguém haviam enviado uma mensagem para o Universo e depois relaxou e esperou. Algumas semanas depois, ele se sentiu impelido a comprar uma revista especializada em assuntos de saúde e encontrou um artigo escrito por uma pessoa que preenchia todos os seus requisitos, tinha ideias semelhantes às dele e por acaso morava em uma cidade próxima. Eles abriram então juntos um centro que, em três anos, tornou-se bastante próspero.

O mesmo princípio de fazer as coisas com calma se aplica a qualquer projeto ou desejo criativo. Quando percebo que estou fazendo um esforço muito grande para escrever um capítulo, vou dar um passeio à beira do lago, perambulo pelo jardim, tomo um longo banho de banheira à luz de vela ou me deito um pouco na cama. Tirar um cochilo é bem mais eficiente do que fazer um esforço, desde que você não se sinta culpado por causa disso! Libera a resistência. Quando volto ao computador, invariavelmente eu sei o que escrever em seguida, ou me sinto guiada a trabalhar em outro capítulo ou mudar para outro projeto durante algum tempo. A minha atividade parece novamente fácil e divertida.

A descontração e a entrega encerram poder. Quando nos debatemos com qualquer problema, a nossa resistência frequentemente torna-se arraigada. Ficamos andando em círculos e cavamos um buraco mais fundo no lugar em que estamos. Os nossos pensamentos negativos ficam bem treinados e, pela lei da atração, atraem outros com uma vibração semelhante, de modo que não conseguimos atrair nada que desejamos. À medida que nos descontraímos e passamos a ter fé – sem abrir mão do nosso desejo e sim entregando-o ao Universo – a nossa resistência se dissipa. Esse é o motivo pelo qual os casais "estéreis" com frequência concebem um bebê depois de adotar uma criança.

Se há muito tempo você deseja uma coisa, e ela ainda não aconteceu, experimente "deixar de pensar no assunto e deixar que Deus cuide dele". Pare de se esforçar para encontrar uma solução ou uma saída. Descontraia-se. Esqueça o assunto. Faça as pazes com O Que

Existe. Às vezes isso é tudo o que é preciso – o último ajuste – para que o Universo entregue o seu presente.

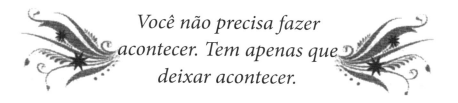

Você não precisa fazer acontecer. Tem apenas que deixar acontecer.

Uma cosmologia baseada no medo lhe assegurará que só colhemos recompensas por intermédio do trabalho árduo, do esforço e do sacrifício. Não há bônus sem ônus. Ou então que só podemos relaxar depois de ter conquistado esse direito, trabalhando até ficar exaustos. Essa é a versão secular da mitologia que diz que a vida é uma provação, ou a ética puritana do trabalho. No entanto, essa ideia procede do mundo limitado do medo e não do mundo mágico do amor e da ligação. O ego baseado no medo não consegue compreender como fazer menos poderia significar alcançar mais. Ele não percebe que mudar a energia e entrar em sintonia com a Fonte – emitindo e recebendo portanto novos sinais de rádio – causa um impacto bem maior do que qualquer coisa que você possa *fazer*. Quando você se expande em direção ao seu eu superior, a Inteligência Infinita permanece constantemente disponível. Você se torna muito mais eficiente e produtivo. O tempo parece se expandir e tornar-se ilimitado. É como passar da Internet discada para a banda larga; tudo flui com mais facilidade.

> O Universo foi concebido para satisfazer todos os desejos que você possa ter, desde que confie na sua orientação interior e siga esse rastro emocional em direção ao alívio, à alegria e à tranquilidade. Por que então estamos sempre nos esforçando e resistindo ao fluxo? Porque fomos submetidos a uma lavagem cerebral e nos fizeram acreditar na velha mitologia do amor

condicional. Nos fizeram acreditar que precisamos justificar a nossa existência. Que temos que provar que somos bons e dignos. Que temos que conquistar ou merecer as recompensas. Que temos que pagar um preço pela felicidade, pelo sucesso, pelo dinheiro ou até mesmo pelo amor. Que temos que colocar os outros em primeiro lugar. Que o sofrimento e a culpa são de algum modo benéficos para a alma. Muitas pessoas foram criadas acreditando que o autossacrifício, a condição de mártir e o excesso de responsabilidade pelos outros de alguma maneira torna o mundo um lugar melhor. Ou que ter uma programação frenética e o tempo ocupado por intermináveis exigências confirma que você é importante e necessário. Com convicções como essas, o esforço excessivo pode tornar-se um hábito.

"Mas você não entende. Tenho de fato todos esses compromissos e responsabilidades", você poderá argumentar. Será que tem mesmo? Serão eles tão permanentes e fundamentais quanto você imagina? Será que a Terra deixaria de girar em volta do Sol se aquele projeto fosse concluído com uma ou duas semanas de atraso, se você não limpasse o chão da cozinha durante três semanas, se não desse atenção aos seus e-mails durante algum tempo ou respondesse negativamente com mais frequência aos pedidos que recebe? Ou será que você está sendo impelido por uma cosmologia severa, que diz que a vida é uma provação e que lhe diz que você precisa trabalhar arduamente e permanecer ocupado? Uma mitologia que o manterá longe do fluxo. (E se for alguma coisa que você *escolher* fazer – como pagar a hipoteca para poder ficar na casa que você adora ou estudar para os exames que lhe permitirão obter a qualificação que você deseja – lembre a si mesmo a realidade mais ampla, em vez de fazer o que escolheu mas ficar se ressentindo da decisão que tomou.)

O esforço excessivo indica que você está resistindo ao fluxo.

Você *pode* obter resultados por meio do trabalho árduo e da persistência, especialmente se você for claro e objetivo, mas desperdiçará muito tempo e energia. Sempre que estiver se esforçando demais, sentindo que está sob pressão, sem tempo ou impaciente, você está resistindo ao fluxo. A verdade é que o Universo está preparado para lhe fornecer soluções e enchê-lo de presentes. Não porque você tenha trabalhado arduamente para consegui-los. Não porque você os mereça. Não porque você tenha valor e seja digno deles. (O seu valor nunca está em discussão.) Simplesmente porque você pediu, e o Universo disse sim.

Fique aberto para receber

Preste atenção à maneira como você lida com os elogios ou os presentes que recebe, pois isso revelará muitas coisas a respeito da sua cosmologia. Você dá de ombros ou contesta quando um amigo diz que você está com uma aparência ótima ou o seu chefe o cumprimenta por um trabalho recente? Você diz em silêncio aos seus botões que eles estão errados ou apenas sendo gentis? Você retribui imediatamente o elogio a fim de "pagar" por ele? Ou você simplesmente o aceita agradecendo calorosamente? Como você aceita uma oferta ou um presente inesperado de um amigo? Como você reage quando uma pessoa diz que gosta de você? Preste bastante atenção a tudo isso porque você provavelmente reage da mesma maneira aos presentes do cosmos. Repelindo-os. Pagando por eles. Ou simplesmente dizendo sim – com gratidão e reconhecimento.

O ato de receber *é* o seu presente para o Universo. É isso que ajuda o cosmos a se expandir. Essa não é uma ideia incrível? O Universo está evoluindo (em parte) *através de você*. Você sonha e tem desejos. O Universo diz sim. Você aceita os seus presentes. O mundo então muda e cresce. Dizer não aos presentes não ajuda ninguém. Ficar parado ou evitar as mudanças não ajuda ninguém. Ninguém é beneficiado quando você sofre e se martiriza. Ninguém fica mais próspero porque você tem menos dinheiro. Ninguém ficará mais saudável se você permanecer doente. Os recursos do cosmos são ilimitados. Ele se expande proporcionalmente aos nossos sonhos, desejos, convicções e expectativas.

À medida que coletivamente desejarmos, imaginarmos e antevirmos fontes de energia baratas, renováveis e abundantes, é isso o que acontecerá. À medida que coletivamente desejarmos, imaginarmos e antevirmos serviços de saúde baratos, seguros e eficazes, é isso que ocorrerá. À medida que coletivamente desejarmos, imaginarmos e antevirmos carros, trens e aviões que não poluam o ambiente, é isso que terá lugar. Essa não é uma realidade fixa e sólida. Estamos sonhando e criando o mundo. Essa é uma realidade psicoenergética, limitada apenas pela nossa imaginação e pela nossa disposição de receber.

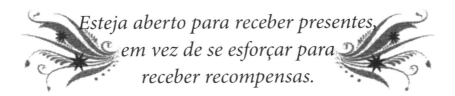

Esteja aberto para receber presentes, em vez de se esforçar para receber recompensas.

Isso significa que você não precisa fazer nada? Basta ficar sentado e sonhar, descascar algumas uvas e esperar os seus presentes? Pelo contrário, você está aqui para se deleitar com o fato de estar vivo! Para preencher os seus dias com experiências maravilhosas, conversas estimulantes e prazeres sensuais. Para criar o estilo de vida dos seus sonhos. Para seguir quaisquer impulsos prazerosos e dedicar-se apaixonadamente a projetos que pareçam estimulantes ou visionários. Para contribuir para o mundo da maneira que lhe pareça mais prazerosa e inspiradora. Abra-se inteiramente para a vida e para o amor. Mas o que você não precisa fazer é permanecer no controle. Você pode entregar essa tarefa para o Universo. A tentativa de controle em geral significa que você está resistindo ao fluxo, de modo que está se afastando do que deseja. Você poderá se sentir tenso, agitado, preocupado, crítico, zangado, cansado, entediado ou impotente. Os seus sinais de trânsito estão vermelhos. É chegada então a hora de relaxar, respirar profundamente e lembrar a si mesmo que o Universo está no comando. Tudo está bem. Apenas visualize a coisa que você deseja e depois deixe que ela se expanda. Relaxe. Descontraia-se. E agora sim, descasque algumas uvas se tiver vontade.

ABRA MÃO DO CONTROLE

Você alguma vez já percebeu que as pessoas que fazem dieta ou contam calorias tendem a ser gordas, enquanto aquelas que nunca se preocupam com o peso têm a tendência de permanecer magras mesmo comendo tudo o que têm vontade? Isso não acontece porque as pessoas magras têm a "sorte" de ter um metabolismo rápido e sim porque elas confiam no corpo em vez de travar uma batalha contra ele. Quanto mais você tenta controlar qualquer coisa (ou qualquer pessoa), mais fora de controle você tende a se sentir – porque a tentativa de controle procede da falta de fé e confiança. Ela é proveniente do medo e da falta de ligação. Ela sempre surte um efeito oposto ao desejado. O corpo foi projetado para manter um peso saudável, desde que você pare de mandar para ele mensagens que dizem: "Oh meu Deus, isso vai me engordar", já que o seu corpo se sente obrigado a confirmar o que você está dizendo! Nós recebemos aquilo em que nos concentramos. Concentre-se em um problema de peso e é isso que você terá. Em vez de jogar fora a balança, confie no seu corpo e imagine-se com o seu peso ideal. Ou então pergunte a si mesmo se realmente *quer* se encaixar na pressão social que exige que você seja magro, caso você seja uma pessoa com uma constituição natural rechonchuda ou com um corpo curvilíneo.

A mitologia que encara a vida como uma provação pode nos deixar repletos de medo e críticas a respeito da comida. Ela dá a entender que não podemos confiar no corpo ou nos nossos desejos. Ela nos adverte contra os perigos dos alimentos "não saudáveis" ou "que engordam". Ela nos faz travar uma batalha contra nós mesmos e considera virtuoso o espírito de sacrifício. Não admira que tantas pessoas sofram de distúrbios alimentares ou de problemas de peso! Quando você passa a adotar a filosofia que encara a vida como um presente, você relaxa e deixa que a orientação sobre o que você deve comer venha *de dentro de você* – por meio do seu apetite natural e saudável – e não que ela venha de livros de dieta, de tabelas de calorias ou das últimas coqueluches ou teorias a respeito da alimentação. Você para de dividir os alimentos em bons (saudáveis) e maus (sem valor nutritivo), já que isso divide a sua energia sempre que você come qualquer coisa que rotule de "má" ou se obrigue a comer alguma coisa porque é "bom para você". Você acredita que o seu corpo vai permanecer saudável e lhe enviará as mensagens que você precisa. E você não precisa mais bloquear a sua orientação emocional empanturrando os seus sentimentos com comida. Você come apenas quando o alimento o faz se sentir bem, e você *aprecia* o que come. Você para de fazer da comida um bicho de sete cabeças. O seu corpo é único e é sempre seu amigo – e a comida também é – desde que você pare de tratá-la como inimiga.

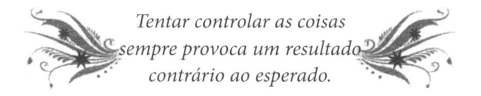

Tentar controlar as coisas sempre provoca um resultado contrário ao esperado.

Analogamente, você pode confiar no Universo e ter certeza de que ele não apenas sabe o que você deseja como também encontrará centenas de maneiras possíveis de entregar os seus presentes. Ele *quer* que você seja delirantemente feliz. Ele só pensa no que é melhor para você. Tudo o que você precisa fazer é abandonar a sua resistência. Relaxe, descontraia-se – e desligue-se.

Equilibre a balança cósmica

Frequentemente vejo a vida como uma balança cósmica, com o seu eu do dia a dia em um dos pratos e o seu eu superior – o Eu que você está se tornando – no outro. Quando você pensa como o seu eu superior, os pratos ficam equilibrados e você se sente magnífico. Você sente que a sua vida está em equilíbrio. Você está no fluxo. Tudo o que você deseja vem a você com facilidade. Quando os seus pensamentos estão mais pesados do que os do seu eu superior, quando você se curva sob o peso do medo ou da crítica, os pratos da sua balança se desequilibram. Você se sente pesado, impotente, encurralado, inquieto ou agitado. Você pode estar se recriminando, culpando outra pessoa, se arrependendo do passado, se sentindo sem esperança e bloqueado ou atacando O Que Existe. Você não está escutando a voz interior do Amor. Esses sentimentos pesados ou incômodos são o abismo doloroso entre você e o seu eu superior. Você não está pensando como o Universo, que o vê como um poderoso cocriador, um poderoso tecedor de sonhos, cercado por outros seres maravilhosos em uma realidade mágica e jubilosa que se encontra em eterna expansão. Ele sabe que você não pode cometer erros. Ele sabe que nada pode dar errado. Ele ama incondicionalmente você, os outros e o mundo. Ele quer que você realize os seus sonhos mais extravagantes.

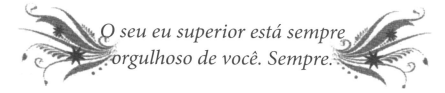

O seu eu superior está sempre orgulhoso de você. Sempre.

Mesmo quando a vida o está desafiando, e você está sentado como um elefante em um dos pratos da balança, você pode escolher se descontrair e se desligar. Assim que você começa a avançar na direção certa – escolhendo novos pensamentos ou tomando decisões diferentes – você sente uma maravilhosa sensação de alívio. O seu eu superior agora está dizendo: "Sim, sim, continue em frente, ame a si mesmo, seja feliz, vá com calma, acredite nos seus sonhos. Os seus presentes estão esperando por você. Venha para cá! Venha para cá! Os anjos voam porque eles estão sempre despreocupados; desse modo, pare de lutar. Desista de querer controlar as coisas. Tenha fé e confiança. Exercite-se dizendo: "Nada é um bicho de sete cabeças". Ria com frequência. Siga a sua felicidade – e portas se abrirão.

Apenas para você

COMO VOCÊ RECEBE PRESENTES

Repare como você reage quando um amigo ou o seu chefe lhe faz um elogio, lhe dá uma bonificação ou um presente, ou se oferece para pagar por uma refeição. Você automaticamente retribui o cumprimento, quer ou não esteja sendo sincero? Você fica sem graça ou rejeita o elogio? ("Oh não, estou horrível." "Já tenho esta roupa há anos." "Não, não aceito que você pague pelo jantar.") Você cria dificuldades ou se recusa a aceitar qualquer presente sem retribuí-lo? Ou você o aceita com facilidade e elegância? Você acha que merece presentes? Você está aberto a receber? Você é capaz de aceitar presentes do Universo?

DESCONTRAIA-SE

Se um projeto ou situação parecer pesado, opressivo ou imobilizado, descubra uma maneira de se descontrair. Descanse um pouco. Faça uma massagem. Compre algodão-doce. Sopre bolhas de sabão no parque. Encontre-se com um amigo que o faça rir. Pergunte a si mesmo se você está fazendo do projeto um bicho de sete cabeças – em vez de simplesmente usar a lei da atração e deixar que o seu desejo venha até você. Pense nas maneiras pelas quais esse problema poderia ser incrivelmente pior do que é, até conseguir dar risadinhas e relaxar. Veja a si mesmo sentado na Lua, contemplando essa estranha criatura que está se estressando por causa de um projeto ou preocupação tão sem importância. Visualize-se daqui a cinco anos e compreenda como tudo isso parecerá extremamente trivial ou já esquecido – ou pelo menos deixado bem para trás. Livre-se da energia velha "fazendo uma faxina" nos armários da cozinha ou doando roupas usadas para um bazar de caridade. Vista um nariz vermelho de palhaço, olhe para si mesmo no espelho – e dê boas gargalhadas.

Capítulo 7
Tudo está evoluindo com perfeição

O raio de esperança é sempre tão brilhante quanto a nuvem é escura.
John F. Demartini[34]

Se você espera que a vida seja perfeita, provavelmente veio para o planeta errado – ou até mesmo para o cosmos errado. A vida só poderia ser perfeita se estivesse estagnada, como no além mítico no qual os anjos adejam e tocam harpa, e todas as almas humanas descansam na paz eterna. Eca! Imagine como isso não seria incrivelmente monótono. Quem iria querer ser visto morto em um lugar assim?!

Criar o céu na Terra não significa tornar a vida perfeita e depois desistir e ir para casa com a missão cumprida. Tampouco a vida consiste em tornar-se bom e se aperfeiçoar (o que daria a entender que existe alguma coisa errada com você). Criar o seu próprio céu na Terra envolve esclarecer o que você quer e depois concentrar a sua energia

– ou pelo menos parar de bloquear o seu próprio caminho – para poder criá-lo. Quando você o tiver criado, terá desejos novos e começará a avançar novamente. Nesse meio-tempo, você deve desfrutar a vida como ela é neste momento, mesmo que ela ainda não seja tudo o que poderia ser. Você sabe que ela nunca será completa, porque a vida é uma jornada, não um destino, de modo que você aprende a aproveitar cada passo ao longo do caminho. Essa é a alegria de ser um aprendiz de deus ou de deusa – e se você puder criar de uma maneira consciente e deliberada, tudo é muito mais divertido!

Você é um ser eterno em consciente evolução, e a sua jornada jamais terminará. Você tem livre-arbítrio para escolher o seu próprio caminho, dia a dia, e não pode errar. Não importa o que você esteja enfrentando no momento, tudo está evoluindo com perfeição. Na realidade, quanto pior as coisas ficam, mais glorioso o futuro que o aguarda, desde que você consiga parar de obstruir o seu próprio caminho. Por mais confusa e caótica que a sua vida pareça estar, o Universo está belamente projetado para conduzi-lo na direção dos seus sonhos e desejos, frequentemente de maneiras inesperadas. O teto da sua casa pode desmoronar, você pode ter dívidas monstruosas, um processo pendente na justiça, o seu parceiro pode tê-lo abandonado. Você pode ter sido despedido, deslocado uma vértebra ou encontrado um rebanho de vacas no seu jardim premiado. Sim, você criou o que quer que esteja experimentando. No entanto, nada nunca está dando errado. Não existem caminhos errados. Não há escolhas errôneas. Ninguém lá em cima está lhe dando estrelinhas douradas ou notas vermelhas. Não haverá o Dia do Juízo Final. Você não precisa – nunca – sentir culpa ou arrependimento. E você sempre pode chegar aonde você quer partindo de onde você está. Sempre. (O seu eu superior já sabe disso. Estou apenas lembrando esse fato a você.)

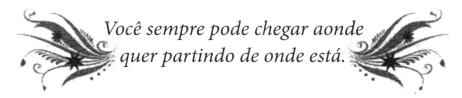

Você sempre pode chegar aonde quer partindo de onde está.

As dádivas do contraste

Este é um Universo perfeitamente imperfeito. Desse modo, a má notícia é que você frequentemente precisa se chocar e colidir com experiências de que não gosta para esclarecer o que de fato lhe agrada. Se você estivesse sempre "perfeitamente" feliz e contente, não teria nem desejos nem preferências, de modo que nada mudaria. O contraste, a variedade e a diferença são fundamentais para a criação de um novo desejo, que é o elemento básico deste Universo em eterna expansão. O cosmos só pode entregar presentes se você estiver sempre pedindo novos presentes. E ele quer que você continue a fazer isso, já que é assim que a consciência evolui! Desse modo, você precisa às vezes experimentar o que não quer para poder fazer novas escolhas e criar preferências e opções originais. O contraste é o hiato entre O Que Existe e os seus sonhos pessoais e globais atuais. O contraste é o grão de areia na ostra que produz uma pérola preciosa. É a irritação que estimula o desejo de mudança e crescimento. E quanto maior a irritação, maior a pérola.[35]

Por que iria alguém desejar viver uma infância abusiva, ser pobre, não ter onde morar, ir à falência, viver um casamento infeliz, ter uma incapacidade física ou receber um diagnóstico tenebroso? Isso pode parecer loucura do ponto de vista limitado da nossa personalidade, mas a partir de uma perspectiva mais ampla, sabemos que essas experiências nos fazem desejar que a vida seja diferente. Elas nos fazem ansiar por relacionamentos amorosos, pela prosperidade, por um corpo saudável, pela liberdade, alegria e tranquilidade. A dor tem lugar porque nos sentimos separados do Amor.

Quando sentimos que estamos desligados da Fonte, ansiamos por nos religar. E esse desejo ardente é o trampolim que nos lança em direção a um futuro novo e brilhante, futuro esse que o seu eu superior já criou e para o qual o está atraindo. Nada jamais é criado sem que seja primeiro desejado e imaginado, e você anseia intensamente pela liberdade quando se sente encurralado ou aprisionado. Você deseja ardentemente o amor e a intimidade quando é controlado, criticado ou mantido à distância. Você almeja profundamente um lar estável ou a segurança financeira quando é despejado por um oficial de justiça, o seu negócio não dá certo ou as suas dívidas aumentam vertiginosamente. Você deseja intensamente um trabalho inspirador que você ame quando tem um emprego monótono, repetitivo ou inexpressivo. Você anseia desesperadamente pela saúde quando recebe um diagnóstico preocupante. Bem no fundo, você sabe que a vida não foi feita para ser assim. A vida foi feita para ser maravilhosa. O contraste o desperta e impede que você continue a ser sonolento e acomodado. Ele o lança no cadinho da mudança, motivo pelo qual, nesta era de despertar, muitos de nós estamos vivendo, neste momento, um contraste exagerado.

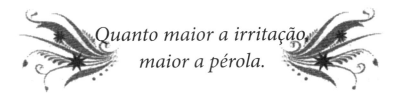

Quanto maior a irritação, maior a pérola.

Este é o significado do antigo ditado que diz que "O sofrimento é bom para a alma". O sofrimento *não* é bom para a alma, mas pode levá-lo a buscar a felicidade, a tentar alcançar os seus sonhos, a avançar em direção ao seu eu superior. Ele pode lhe proporcionar uma experiência inestimável e vislumbres a respeito do amor, do fortalecimento pessoal, da confiança no Universo, da sinceridade para consigo mesmo e muito mais. Você explorou as profundezas do sofrimento, da dor, do terror ou do desespero suicida, e sobreviveu, de modo que nada mais tem a temer. Torna-se mais fácil permanecer presentes no amor quando enfrentamos um conflito ou um desafio, em vez de ficar na defensiva e recuar ao modo de medo. Se você passou por momentos difíceis, você sabe como eles podem ser transformadores, desde que você mude para uma perspectiva mais elevada e comece a procurar as bênçãos. Em seguida, concentre-se na direção que você está seguindo. Concentre-se em preencher a lacuna entre a sua personalidade e o seu eu superior.

O perigo é que você pode ficar preso nos espinhos e se esquecer de procurar as rosas. Depois, você poderá repetir indefinidamente as mesmas experiências, como a mulher que se envolve em um relacionamento abusivo depois do outro, ou o homem que se livra do vício do álcool e fica viciado em trabalho, no jogo ou em exercício. Ou quando você cura uma doença e logo depois é acometido por outra. Ou fica viciado em terapia, reciclando interminavelmente a sua infância na vã tentativa de se libertar dela.

A não ser que você aprenda a sentir o cheiro das rosas – usando o contraste doloroso para esclarecer os seus desejos, expandir a sua consciência e mudar as suas vibrações – nada vai mudar. O Universo continuará a guiá-lo emocionalmente na direção correta, mas você poderá se agarrar à autocomiseração e à condição de vítima, culpando outras pessoas, sentindo-se aprisionado por decisões passadas ou pelas circunstâncias atuais, ou repetindo antigos padrões de pensamento e comportamento – de modo que você continuará a atrair as mesmas experiências.

O contraste não é uma desculpa para você se recriminar. Tampouco é uma insígnia de honra a ser usada com orgulho. ("Vejam o quanto eu sofri!") O contraste é simplesmente inevitável em um cosmos em evolução. A vida nunca será exatamente como você quer que ela seja (ou pelo menos não durante muito tempo). Não porque lições estejam lhe sendo enviadas. Não porque você se atrapalhou como criador da realidade. Apenas porque a mudança e a evolução são uma constante da vida, e se a sua vida continua a mesma, o seu crescimento é interrompido.

Nesta era de despertar espiritual, muitas pessoas estão atravessando desafios extraordinários e uma grande obscuridade, já que o contraste extremo pode conduzir a saltos quânticos na consciência. Quanto mais profundo o contraste, maior o potencial para o crescimento. Não existem erros. Cada experiência difícil ou dolorosa está repleta de oportunidades, desde que você olhe através dos olhos do amor e não dos olhos do medo ou da crítica.

O contraste é fundamental em um Universo em evolução. Ele dá origem à clareza e ao desejo.

Vivi recentemente dois anos de uma dor intensa e insolúvel por ter sido separada de um homem que eu amava – incapaz até mesmo de vê-lo ou falar com ele, embora morássemos perto um do outro. Ninguém poderia ter estado mais presente na sua ausência, já que ele foi uma pessoa que amei incondicionalmente pela primeira vez na vida. Um antigo e ilimitado amor da alma. Captei apenas vislumbres passageiros de felicidade durante esse período enlouquecedor. As pessoas envolvidas agiam como caricaturas dos diferentes mitos da criação – refletindo aspectos conflitantes de mim mesma – enquanto eu me debatia no meio, buscando uma solução saudável e aberta, enquanto tentava respeitar as necessidades de outras pessoas. Compreendi o quanto na minha vida eu me esforçara para ser boa e perfeita, e com que frequência eu me refreara em vez de ser autêntica. Não é uma experiência que eu gostaria de repetir, mas que foi, sem dúvida, a mais transformadora da minha vida.[36]

Analisando retrospectivamente a situação, eu poderia ter evitado grande parte da dor, se tivesse parado de me julgar, de ceder aos outros, de analisar o que estava errado, de alimentar um sentimento tão grande de injustiça e de resistir à situação. Ou se o nosso relacionamento tivesse significado menos para mim. Mas será que eu teria aprendido tanto se não tivesse estado tão profundamente motivada para transpor a dor exaustiva e me religar ao Amor? Teria o meu coração se aberto tanto? Teria eu me tornado tão sensível à minha própria orientação emocional? Ou iniciado desejos pessoais e globais tão vívidos para relacionamentos amorosos e uma comunicação sincera? Teria eu descoberto *por que* ser bons e perfeitos não nos faz felizes? Ou compreendido os estreitos vínculos entre a criação da realidade e o amor incondicional? Teria eu finalmente aprendido que a minha felicidade não depende de outras pessoas ou circunstâncias? Teria a minha fé em um cosmos amoroso se tornado tão profunda quanto o oceano? Tenho sinceras dúvidas.

Quando finalmente emergi da escura e confinante crisálida, eu me senti uma pessoa diferente. Uma borboleta com as asas abertas, levemente úmidas. Eu me senti surpreendentemente desperta e animada – e fiquei profundamente grata por tudo. Às vezes precisamos estar dispostos a mergulhar nas trevas mais profundas a fim de resgatar quem nós somos. Como disse o poeta Rilke: "Tenho fé nas noites".[37]

A transformação frequentemente nasce do caos e da desordem, uma comoção da antiga ordem. Nessas ocasiões, a vida pode assumir uma qualidade mítica quando nos tornamos heróis e heroínas na nossa jornada épica pessoal, frequentemente só enxergando as bênçãos depois que transpusemos a situação, já que a dor e o pesar embotam a nossa consciência. Como diz o poeta e filósofo John O'Donohue: "A luz trazida pelo sofrimento é sempre uma dádiva que ele deixa quando parte".[38] Mas você pode acreditar que as dádivas se expandirão no seu devido tempo, como um arco-íris depois da tempestade.

> *O seu eu superior nunca sente remorso. Ele só enxerga as dádivas.*

Tudo muda

Na condição de pais, muitos de nós queremos proteger os nossos filhos do contraste – evitar situações que possam perturbá-los, desafios que eles talvez não estejam preparados para enfrentar ou pessoas que possam magoá-los, ou fazê-los se sentir seguros evitando a mudança. Mas a mudança e a variedade são fundamentais para o nosso crescimento. E quanto mais confiamos em um Universo seguro e amoroso, mais os nossos filhos farão o mesmo – e irradiarão vibrações de amor, confiança e vigor, em vez de enxergar o mundo como um lugar perigoso. As crianças prestam mais atenção à maneira como nos sentimos e nos comportamos do que ao que dizemos. É impossível enganá-las por meio da dissimulação; elas estão altamente sintonizadas com as vibrações.

Quase todos os pais acham que precisam ensinar e orientar os filhos, mas a verdade é que somos nós que deveríamos aprender com eles. Quando eles se sentem controlados ou desautorizados, são invadidos por uma raiva saudável. As crianças resistem muito menos do que os adultos, são bem mais autênticas e confiam muito mais nas suas emoções – seguem mais naturalmente o fluxo – enquanto não lhes ensinamos outras coisas. Enquanto não as ensinamos a se sujeitar e agradar aos outros. Enquanto não as ensinamos a ser receosas ou a ficar na defensiva.

Se as vibrações elevadas e coerentes do amor incondicional, da alegria e da liberdade se tornarem o que as crianças percebem como normais, elas crescerão em harmonia com essas vibrações. Mas se você lhes oferecer como modelo o medo, a censura, a culpa, a vergonha, o autossacrifício, o subterfúgio ou a negação, esses serão os padrões de energia que os seus filhos captarão. Quanto mais você atacar os seus problemas com uma força interior, segurança e amor – mudando a *si mesmo* em vez de se encolher, evitar o conflito, ceder, proteger a si mesmo ou censurar os outros – mais você se tornará um exemplo positivo para os seus filhos.

À medida que você se expande no seu eu superior, você percebe que o contraste e a variedade não são coisas que devam ser evitadas e sim abraçadas, para que produzam as suas pérolas. O que é exatamente o motivo pelo qual um Deus/Fonte amoroso nos permite experimentar a dor e a aflição. Como um pai ou mãe amoroso, o Universo acredita que somos invencíveis. Que somos engenhosos. Que podemos lidar com as dificuldades e colher as recompensas. Quanto mais você pensa como o Universo – o que significa enxergar a realidade mais abrangente e avançar em direção ao seu eu superior – menos resistência você sente com relação a qualquer contraste. Você não julga nenhuma experiência como sendo má. Tudo é perfeito à sua própria maneira. Você ama a vida de uma maneira incondicional e simplesmente usa o contraste para alimentar as suas visões para o futuro. (Ah!, é isso que estou atraindo no momento – mas é *isso* que realmente desejo. *É para lá* que estou indo.") Enfrentar os problemas nos leva a fazer um exame interior ou procurar soluções criativas – o que expande a nossa consciência. Independentemente do que aconteça, tudo está bem.

Uma ferramenta que ajuda a liberar a resistência ao contraste é lembrar a si mesmo que é "apenas por agora". Que é temporário. Por mais esmagador que o seu sofrimento, mágoa, raiva, dor ou frustração possa parecer neste momento, o sentimento passará. Todas as coisas evoluem. E o tempo que elas levam para mudar não depende da sorte ou do acaso, da decisão de nenhuma outra pessoa, do tempo habitual do processo da dor, do quanto o sistema legal ou o governo é falho ou de alguém perceber que está se comportando "muito mal"! O tempo que as coisas levam para mudar cabe inteiramente a você. Aos seus pensamentos. Às suas vibrações.

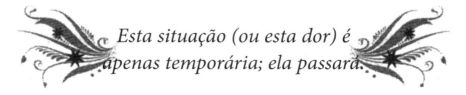

Esta situação (ou esta dor) é apenas temporária; ela passará.

Mesmo que a situação pareça imutável, como a perda de um ente querido ou uma incapacidade física, você ainda pode mudar a maneira como a *percebe*. Lembro-me da mãe de um menino cego que me disse que os meus livros a haviam ajudado a deixar de encarar o filho como incapaz e defeituoso e passar a vê-lo como diferente e especial. Ela compreendeu que ele fizera essa escolha, no nível da alma, pelos presentes que ela traria. A mãe parou de se sentir como mártir, e a sua dor e frustração lentamente se transformaram em orgulho. Se a situação não puder mudar, você sempre pode mudar a maneira como pensa a respeito dela, e *isso* muda tudo.

O lado alegre para cima

Então como você pode lidar com o contraste de uma maneira positiva, para minimizar a dor que ele acarreta e maximizar os benefícios? Como você pode preencher a lacuna entre O Que Existe e o que você deseja? Como você pode se agarrar à conscientização reconfortante que, por pior que as coisas possam parecer, tudo está sempre se expandindo perfeitamente?

Uma aptidão crucial na hora de lidar com qualquer desafio, como um cocriador consciente, é passar para o seu lado mais luminoso. Sempre há um lado escuro e um iluminado. Tudo o que você precisa fazer é se concentrar no lado iluminado. Eu chamo esse processo de Lado Alegre para Cima. Vamos supor que o seu carro tenha acabado de enguiçar pela terceira vez em um único mês. Você se concentra em como o carro é inútil, no fato de que não pode contar com ele, que não tem dinheiro suficiente para substituí-lo, em como o conserto vai ficar caro, em como a oficina que aparentemente tinha consertado o carro é péssima ou em como você sempre compra carros defeituosos. Você só faz se lastimar e se lamentar. Você pensa como uma vítima. Você talvez até lembre a si mesmo que é você que cria a sua realidade, e use esse fato para se recriminar. "Eu sou um completo idiota por ter criado isso! Por que não consigo fazer nada direito? Por que não captei a mensagem e vendi o carro antes que ele me custasse uma fortuna?" Você se humilha. Provoca em si mesmo um sentimento de culpa. Diz a si mesmo o quanto você é imperfeito e inadequado. Isso *não* é muito proveitoso! É viver no lado escuro – e isso o mantém preso no atoleiro.

Se você pensar com o Lado Alegre para Cima, passará rapidamente a se concentrar no que você quer, bem como a se sentir grato. Você pode usar os repetidos enguiços do seu carro para deixar claro que deseja um veículo confiável e que tenha uma boa relação custo-benefício, e começar a imaginar como será esse novo carro e como você se sentirá quando o possuir e dirigi-lo. Você pode usar os seus sentimentos para começar a se tornar esse seu futuro eu. Você pode valorizar a experiência por aguçar a sua objetividade e por conscientizá-lo dos pensamentos negativos a respeito de carros, dinheiro ou outras questões. Será que a experiência reflete pensamentos que você alimenta a respeito de as pessoas na sua vida não serem confiáveis? Ou será que ela reflete uma frustração ou irritação (ambas as quais são indícios de que a pessoa está se sentindo impotente)? Ou talvez você se dê conta de que o enguiço do carro o impediu de fazer uma coisa que você realmente não queria fazer. Ou estaria ele sendo útil a você de alguma outra maneira? Quais são os benefícios nessa situação? Você talvez também possa ser grato pela rapidez com que o reboque chegou ou pelo anjo que lhe ofereceu uma carona. E você talvez se sinta agradecido por ter um carro que funciona a maior parte do tempo! Em vez de se concentrar no que é desfavorável ou errado, o que ocasionará mais enguiços ou outro carro em que não você não possa confiar, você se concentra no que é positivo.

Você não precisa enfrentar uma emergência para usar o processo do Lado Alegre para Cima. Se você aprender a usá-lo no dia a dia, você o incorporará automaticamente em uma crise, em vez de entrar no modo de lutar ou fugir e transformar o que poderia ser um evento insignificante em uma completa catástrofe. Virar o Lado Alegre para Cima acontece naturalmente aos otimistas, que se concentram no melhor e se confortam constantemente. Na condição de criador da realidade, você precisa, acima de tudo, ser sensível às suas vibrações e imediatamente perguntar o que desencadeou até mesmo o mais leve declínio no seu estado emocional – e em seguida encontrar um pensamento que traga alívio ou mudar de um enfoque negativo para um positivo. Se o declínio for detectado logo no início, poderá impedir que você desabe diante de um comentário crítico, de uma notícia trágica no noticiário, de uma janela quebrada ou da perda de uma lente de contato.

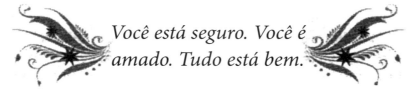

Você está seguro. Você é amado. Tudo está bem.

Fiquei sem gasolina no ano passado a caminho de um seminário no qual eu me havia inscrito. Em vez de me criticar por não ter dado atenção ao ponteiro do combustível, me preocupar com a possibilidade de que eu poderia interromper o seminário e com o que eu iria perder ou analisar por que eu criara o ocorrido, rapidamente virei o Lado Alegre para Cima. Concentrei-me no meu desejo. Eu estava a um longo caminho de casa, e como não sou sócia de um clube que forneça reboque, eu precisava da ajuda de desconhecidos. E eu queria gasolina – bem rápido. Desse modo, enviei o meu pedido para o Universo e mantive uma perspectiva positiva. Tudo iria funcionar perfeitamente. Cinco minutos depois, uma van branca parou atrás de mim, e quatro homens musculosos me informaram que eram da Patrulha Rodoviária. Os meus anjos tinham chegado! Eles me deram uma carona até o posto de gasolina mais próximo e depois encheram o tanque para mim; cheguei ao seminário com apenas cinco minutos de atraso. Se eu tivesse me deixado dominar pela preocupação, autocomiseração ou vergonha, estou certa de que não teria atraído uma ajuda tão eficiente.

Pense como o Universo

Pensar como o Universo pode ajudá-lo a atravessar o mais negro e profundo contraste. Um casal de amigos que havia perdido tudo o que tinha me visitou recentemente. No fim de semana anterior, fagulhas de um fogão a lenha causaram um incêndio que se alastrara pela cabana de madeira, destruindo todas as roupas, livros, mobília e pertences do casal. A casa ficou simplesmente inabitável. Eles não tinham seguro e só um deles trabalhava meio período. No entanto, eles estavam determinados a tirar o melhor partido da situação e enfatizar os aspectos positivos dela. Eles ainda tinham um ao outro. Ainda tinham vários hectares de terras cultiváveis onde planejavam construir uma casa mais permanente. Tinham recebido vários presentes e gentilezas. Amigos lhes haviam pedido para tomar conta da casa deles durante vários meses, e morar na cidade durante algum tempo lhes traria novas oportunidades. O fogo acelerara os seus planos de construção. A perda lhes dera a oportunidade de recomeçar do zero, bem como de liberar a antiga energia do passado. Ela os deixara novos em folha e esclarecera as suas prioridades. Eles sabiam que tudo estava se expandindo perfeitamente, embora ainda não entendessem completamente como. Eles não estavam deixando de reconhecer o seu sentimento de dor e perda, mas já haviam virado o Lado Alegre para Cima. Era óbvio que o incêndio iria produzir muitas pérolas preciosas.

Eles poderiam ter evitado o incêndio? É quase certo que sim. Tiveram sinais de aviso de que uma crise era iminente? Olhando para trás, sim. (Assim como eu olhara de relance para o ponteiro do marcador de gasolina quando me pusera a caminho do seminário.) Entretanto, a visão retrospectiva pode facilmente provocar culpa, censuras ou recriminações – o que nos mantém aprisionados no mundo da crítica. O Universo não faz julgamentos. Ele nunca atribui responsabilidade ou culpa. Uma vez que um evento tenha ocorrido, o Universo imediatamente traça um novo roteiro a partir desse ponto. Ele sabe o que você quer. Organiza todos os eventos e circunstâncias que você precisa. Assegura que cada situação contenha presentes ocultos. Tudo o que você precisa fazer é seguir o fluxo e, com o tempo, a crise poderá dar a impressão de ter sido cuidadosamente planejada pelo cosmos, já que deu origem a um número enorme de benefícios. E talvez um plano mais amplo estivesse, *de fato,* se expandindo.

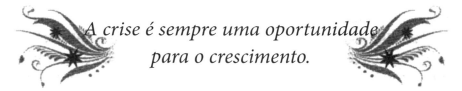

A crise é sempre uma oportunidade para o crescimento.

O futuro nunca pode estar predeterminado em um cosmos baseado no livre-arbítrio e na lei da atração. Você é sempre livre para escolher o futuro que irá criar; mas certos eventos tornam-se prováveis, *a não ser* que você modifique as suas vibrações. Uma vez que uma circunstância se torne inevitável, este cosmos repleto de graça se prepara para tirar o melhor proveito possível dela. Experiências intensas resultam em desejos intensos, o que cria novos e audaciosos futuros. E cada crise é uma oportunidade de crescimento e transformação.

Um amigo que sofreu um grave acidente de carro se apaixonou por uma enfermeira que cuidou dele no hospital e às vezes brinca dizendo que precisou quase se matar para conhecer a esposa. É claro que o Universo poderia ter encontrado outra maneira de reuni-los, mas na ocasião ele estava precisando se afastar um pouco do trabalho para poder fazer uma reavaliação e mudar de direção, e não tinha dado atenção aos sinais de advertência para tirar uma folga. Ele também estava pronto para ter uma parceira a longo prazo, depois de muitos relacionamentos insatisfatórios que o tinham ajudado a esclarecer o que ele realmente desejava. O acidente de carro harmonizou primorosamente as suas necessidades e equilibrou as suas confusas vibrações na época.

O cosmos amoroso sempre pode extrair o máximo das coisas. Nunca desperdice um único momento sentindo remorso, porque isso só aumenta a sua resistência. Apenas olhe em frente, para onde você está indo. E tenha a absoluta certeza de que tudo está realmente evoluindo da melhor maneira possível. Afinal de contas, o Universo tem a marcante vantagem de ver e saber tudo! As coisas só *parecem* não estar dando certo porque você ainda não consegue vislumbrar a realidade mais ampla. Simplesmente aguarde – e acredite. Como Serge Kahili King – um xamã havaiano que me ministrou um treinamento há muito tempo – gosta de dizer: "Tudo Funciona Perfeitamente".

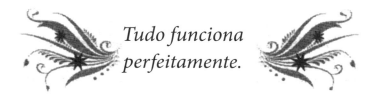

Tudo funciona perfeitamente.

> Isso significa que você não precisa seguir a sua orientação emocional, já que a vida se expandirá às mil maravilhas independentemente do que você fizer? Depende de você querer que a sua vida seja um conto de fadas no qual você é feliz para sempre, um filme-catástrofe ou algo entre as duas coisas. Se você deseja criar o céu na Terra, usar os seus sentimentos para entrar no fluxo é a maneira mais fácil e suave de fazer isso.
>
> Se você não der atenção à sua orientação emocional, poderá dar consigo em um caminho acidentado e difícil. Quando você fizer um desvio, sair da pista de alta velocidade e pegar uma estrada secundária na área rural com uma pista acidentada e serpenteante, poderá ficar perdido durante algum tempo ou avançar muito lentamente enquanto contorna os sulcos e as enchentes.

Mas haverá anjos, guias e indicações por toda parte, empurrando-o suavemente na direção certa a partir de onde quer que você esteja. Ao longo do caminho, você obterá novas habilidades, energia e discernimento que lhe serão úteis no futuro. Os seus relacionamentos poderão mudar, ou novas pessoas poderão surgir na sua vida. Você poderá descobrir os seus sonhos e potencial perdidos, ou construir sonhos ainda maiores. Você poderá ficar aprisionado em uma rotina durante meses ou anos (ou até mesmo várias vidas), mas você é um ser eterno. Isso não é um bicho de sete cabeças. Muitas pérolas estarão espalhadas ao longo do caminho que você escolher. E o seu desvio significa que o seu futuro reluzirá ainda mais vivamente, em decorrência da sua nova clareza e desejos.

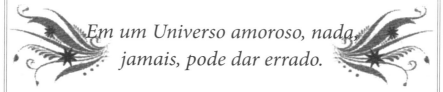

Em um Universo amoroso, nada, jamais, pode dar errado.

Juntando pérolas

Em um Universo amoroso, não existem caminhos errados, apenas caminhos suaves ou acidentados. Nos mais suaves, você está no fluxo e diverte-se a valer. Nos mais acidentados, você aprende e cresce, gerando novos desejos e novos futuros. Desse modo, até mesmo os maus momentos são bons. Todo problema é uma oportunidade. Nenhuma experiência jamais é desperdiçada. Tudo o que acontece é um presente. O cosmos o conhece intimamente e o ama profundamente. O Universo é incuravelmente romântico e deseja que você viva feliz para sempre. Ele acredita em contos de fadas, e com bons motivos, pois é capaz de torná-los realidade. No entanto, até mesmo os personagens dos contos de fadas enfrentam o contraste no caminho em direção à sublime felicidade, e o mesmo acontece conosco.

Imagino, às vezes, o meu eu superior sentado no alto de um morro, cantarolando uma melodia alegre. Independentemente do que possa estar acontecendo na minha vida, ele sabe que tudo está funcionando bem e tem certeza de que irei, repetidamente, avançar na sua direção. Se eu cair em um profundo contraste, isso simplesmente significa que o meu eu superior tem planos mais amplos para mim agora; ele se encaminha para um morro ainda mais alto e, pacientemente, espera que eu me una a ele nesses sonhos. A partir da perspectiva privilegiada do meu eu superior, tudo parece estar indo às mil maravilhas. Ele não enxerga problemas, imperfeições ou telhados de vidro. Só vê a beleza e os presentes que surgem. O meu eu superior sabe que estou juntando pérolas e me chama suavemente na sua direção.

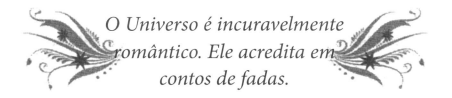

O Universo é incuravelmente romântico. Ele acredita em contos de fadas.

Quanto mais respeito sentimos pelos momentos de caos, dor e obscuridade na nossa vida, mais rápido juntamos as pérolas. (Como veremos no próximo capítulo, essa afirmação também se aplica aos problemas mundiais.) Isso significa não julgar, não condenar, não resistir – confiando sempre na nossa jornada, dando valor ao que é possível, amando a nós mesmos e usando os sentimentos para entrar novamente no fluxo. A vida é perfeita na sua imperfeição; é assim que ela evolui. A vida nunca será exatamente como você quer que ela seja, caso contrário você pararia de crescer. Você sempre estará avançando em direção a desejos irrealizados. Sempre haverá épocas acidentadas ao longo do caminho. Por conseguinte, aproveite a jornada.

Seja qual for a sua situação neste momento, ela é adequada. Nada jamais pode dar errado. Você não pode cometer erros. Seja qual for a sua escolha, tudo evolui perfeitamente, não apenas para você, mas para *todos* os envolvidos. A sua felicidade nunca pode interferir na felicidade de ninguém, já que todo mundo possui o seu próprio fluxo. O cosmos é capaz de distribuir os presentes de todos. Isso não é maravilhosamente elegante? Não é incrível a maneira como este Universo amoroso e consciente é projetado? Isso não faz você reluzir com calor e gratidão?

Apenas para você

O LADO ALEGRE PARA CIMA

Na próxima vez que você enfrentar qualquer situação dolorosa, frustrante, desalentadora ou desafiante, lembre-se de que você deve ver o lado luminoso. Concentre-se no que você deseja ou aprecia, não no que você considera mau ou errado. Eis algumas perguntas que podem fazer com que você vire o Lado Alegre para Cima.

- *Como isso me ajuda a esclarecer o que eu quero?*

- *Como posso encarar a situação como uma coisa secundária em vez de um Bicho de Sete Cabeças?*

- *Como posso me valorizar nesta situação?*

- *O que me faz ficar agradecido nesta experiência? Quais são os benefícios?*

- *Qual é a oportunidade que a situação encerra?*

Juntando as pérolas

Rememore os períodos mais problemáticos da sua vida ou os maiores desafios que você já enfrentou, ocasiões em que você talvez tenha se deparado com emoções turbulentas. Você consegue perceber os presentes que surgiram? Terá sido uma força e recursos interiores, autoconsciência, novas aptidões e conhecimento, uma maior profundidade e intimidade nos relacionamentos, ou a capacidade de respeitar as suas próprias necessidades e emoções? Que sonhos e desejos a situação esclareceu ou intensificou para você? Que encontros "casuais" ou coincidências felizes surgiram durante ou depois desse período? Que pérolas você recolheu das suas ocasiões de contraste? Esteja certo de que, independentemente do que lhe aconteça no futuro, sempre haverá mais pérolas para juntar e sonhos para amadurecer – e o Universo oferecerá indicações ao longo de todo o caminho. Tenha certeza de que, independentemente do que aconteça, você é profundamente amado.

Capítulo 8

Você *pode* exercer uma influência positiva

À medida que o nosso coração se abre, os nossos talentos e dons começam a florescer. **Marianne Williamson**[39]

Era uma vez uma mulher sábia nas montanhas que encontrou uma pedra preciosa em um riacho. No dia seguinte, ela encontrou um viajante que estava com fome e abriu a bolsa para compartilhar a sua comida. O viajante faminto viu a pedra preciosa e perguntou se ela poderia dá-la para ele. A mulher o fez sem hesitar. O viajante partiu exultante com a sua boa sorte, pois sabia que a pedra poderia lhe proporcionar a segurança financeira pelo resto da vida. No entanto, alguns dias depois, ele voltou à procura da mulher. "Eu sei o quanto esta pedra é valiosa", declarou, "mas vou devolvê-la a você, na esperança de que você possa me dar algo ainda mais precioso. Eu quero o que existe em você que lhe permitiu dar esta pedra para mim."

Qual era esse precioso dom que a mulher tinha? *Era a sua ligação com a energia da Fonte,* que lhe conferia a capacidade de amar livremente. Que lhe dava uma sensação de poder. Que lhe concedia fé em abundância. Assim como o Universo, a mulher sábia dava o que quer que lhe fosse pedido, mas sem fazer nenhum sacrifício. Ela sabia que o suprimento era ilimitado. Além disso, ela já dera um presente inestimável ao viajante; ela o despertara.

O nosso maior presente para os outros é o nosso estado de consciência. Ele é mais precioso do que o ouro reluzente ou joias resplandecentes. Ele tem o poder de transformar. À medida que você usa os seus sentimentos para entrar no fluxo, você para de tentar provar o seu valor ou de viver uma vida talhada para você pelos outros. Você muda cada vez mais para o modo de amor. Você descobre o que faz o seu coração cantar. A sua energia se torna coerente. Você fica alegre e entusiasmado. Você respira com mais facilidade. Você se sente inspirado, criativo e livre. Depois surge um sentimento de retidão, uma sensação de que você está no seu verdadeiro caminho, que você está fazendo exatamente o que veio fazer aqui. Você está vivendo em harmonia com a sua alma.

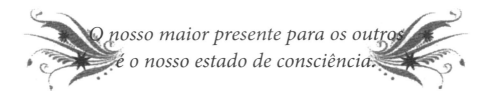

O nosso maior presente para os outros é o nosso estado de consciência.

O seu propósito maior

Um sem-número de pessoas me disseram com um suspiro: "Como eu gostaria de conhecer o meu propósito maior". Você entrou nesta vida com determinadas intenções, e se viver em harmonia com elas, você se sentirá maravilhosamente bem, e as portas se abrirão com facilidade. Entretanto, a *forma* que o seu propósito assume cabe inteiramente a você, e até mesmo a essência dele é altamente flexível. O seu propósito é qualquer coisa que você escolha. Não é um segredo misterioso a ser descoberto. Não é uma tarefa ou missão que você recebeu do céu. Ele é o que quer que surja naturalmente a partir da sua exclusiva combinação de forças, talentos e experiências – e se você seguir a sua felicidade, você o encontrará.

Como o seu amor pelos animais poderia se combinar com o seu conhecimento de computadores, idiomas e experiência de viagens internacionais? Ou como poderia o seu histórico de abuso na infância se ajustar à sua formação de enfermeira e ao seu amor pelo canto ou pela cerâmica? Quando você se levanta pela manhã entusiasmado e repleto de expectativa, e está fazendo o que faria se não precisasse da renda, você sabe que encontrou o trabalho da sua vida. E ele continuará a se expandir enquanto você muda e evolui.

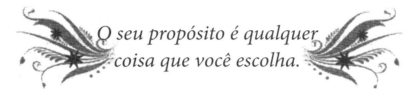

O seu propósito é qualquer coisa que você escolha.

Ainda me sinto surpresa e privilegiada pelo fato de ser paga para escrever livros, apresentar palestras, atender clientes e ministrar seminários de *Living Magically*, coisas que eu simplesmente adoro fazer. Há quinze anos tomei a decisão de só aceitar convites que me pareçam estimulantes e de nunca fazer nada pelo dinheiro. Organizo a minha vida *como se* eu não precisasse ganhar a vida e faço qualquer coisa que eu goste. Leio livros inspiradores que eu leria de qualquer maneira, exploro ideias fascinantes, compareço a seminários e conferências edificantes, visito lugares maravilhosos e travo conversas profundas e instigantes – e posso chamar tudo isso de trabalho! Para mim, parece diversão. Também sei que o meu desenvolvimento e experiências pessoais são fundamentais para o meu trabalho, de modo que, mesmo quando a vida está desafiante, acredito que os presentes serão maiores do que consigo imaginar e que ajudarei indiretamente muitas outras pessoas. Às vezes acho que sou uma aprendiz incrivelmente lenta, de modo que gradualmente incorporo o que eu ensino à minha vida – mas nós ensinamos aquilo que precisamos aprender! Milhares de pessoas me agradeceram por ter mudado a vida delas ou por tê-las inspirado, mas até hoje fico emocionada quando abro uma carta ou e-mail de agradecimento. É profundamente gratificante saber que o meu trabalho afeta e transforma tantas vidas.

Cada um de nós é uma peça única nesse gigantesco quebra-cabeça – e cada parte é necessária para formar o todo. Se você está lendo estas linhas, o seu propósito maior provavelmente está ligado à atual evolução da consciência humana. É bem provável que você seja um professor-agente de cura, independentemente da forma que isso possa assumir, ou seja, alguém que inspira os outros a liberar a resistência e expandir a consciência. Talvez você esteja envolvido com a saúde, a psicologia, a educação, a ciência, a religião ou a espiritualidade, as relações internacionais, os negócios, a lei, a política, a ecologia, a mídia ou as artes criativas ou cênicas – e o seu propósito seja levar amor, uma consciência mais elevada, novas perspectivas ou padrões de excelência à sua área. Talvez o seu trabalho seja aparentemente mundano, como fabricar móveis, mas a alegria e a criatividade que você derrama nele fazem com que os *seus* armários e cadeiras cintilem com uma energia edificante. Talvez você seja um profissional de vendas, recepcionista ou contador, mas está plenamente presente para todas as pessoas que encontra – ou irradia entusiasmo, paz interior ou amor – de modo que você sutilmente modifica a consciência delas.

Você pode realizar o seu propósito maior por meio de qualquer tipo de trabalho. Sempre que você se encontra em um estado de consciência mais elevado, você emite uma nota de alta frequência como um diapasão, que outros podem então reproduzir. Você se torna um catalisador para a mudança. Em seguida, o impacto que você causa nos outros – *independentemente* do que você escolha fazer – será inspirador, proveitoso e construtivo. Como no caso da mulher sábia com a pedra, *o que você faz* é bem menos importante do que *quem você é*: é o seu estado de ser.

À medida que as suas vibrações galgam a escada emocional (ver o Capítulo 3), a sua visão se expande, você se sente cada vez mais poderoso e as suas ações são progressivamente guiadas pela intuição e pela alegria. Em seguida, você ingressa no seu propósito maior. Você avança em direção ao seu eu superior. E ao escolher fazer o que você ama, em vez de trabalhar para pagar as contas ou fazer o que os outros esperam que você faça, você faz a diferença – simplesmente fazendo essa escolha a partir do coração. Respeitando a si mesmo. Deixando-se guiar a partir do interior. A palavra entusiasmo vem do grego *en theos*, que significa o deus interior. À medida que você faz o que ama, você entra em sintonia com a energia da Fonte – e a sua criatividade desabrocha.

À medida que você faz o que ama, você entra em sintonia com a energia da Fonte.

Muitas pessoas querem conhecer o seu propósito maior porque desejam ser úteis ao mundo. É maravilhoso estar envolvido em projetos criativos, ajudar de alguma maneira, inspirar os outros, usar os nossos dons e talentos, oferecer ideias construtivas e novas perspectivas, e até mesmo desafiar sistemas e convicções deficientes. É natural que desejemos exercer uma influência positiva, além de alimentar o sentimento de integração e participação. Entretanto, sou cautelosa com relação ao conceito de "serviço global" – apesar da sua popularidade na filosofia da Nova Era. Ele pode ser alimentado pela necessidade do ego apreensivo de se sentir bem, digno e virtuoso, ou de justificar a sua própria existência. Algumas pessoas até mesmo acreditam que esse trabalho não deveria ser remunerado, o que dá a entender que alguns tipos de trabalho são tão especiais e elevados que não deveríamos esperar algo "meramente mortal" como o dinheiro em troca pelo nosso tempo, energia e talentos. (Repare na arrogância e superioridade da questão!) Isso também pode despertar a ansiedade de que você possa ter uma baixa avaliação na vida após a morte caso não "cumpra a sua missão", o que significa que você pode esquecer que *o propósito da vida é a alegria*. Se você seguir a sua felicidade, estará garantindo que o seu ego saudável estará em harmonia com o seu eu superior, quando então exercerá uma influência positiva.

Além do certo e do errado

Antes de se envolver com a última coqueluche destinada a mudar o mundo, vale a pena questionar os seus motivos. Por exemplo, grande parte das ações bem-intencionadas, porém destrutivas, que têm lugar no mundo são provenientes da raiva virtuosa. O sentimento de superioridade moral é uma vibração relativamente elevada para o ego amparado no medo, de modo que ele gosta de passar bastante tempo nela! A raiva pode estimulá-lo quando as suas vibrações estão muito baixas, talvez quando você sinta vergonha, insegurança, pesar, ansiedade, culpa ou desespero. A raiva, a virtude e a censura surgem como um alívio bem-vindo quando você se sente impotente ou se identificou com pessoas que se sentem indefesas. A raiva pode desempenhar um papel positivo. Ela pode ser um degrau em direção ao autorrespeito e ao fortalecimento, e colocar as coisas em movimento – mas não é uma vibração que você deva sustentar por muito tempo.

Um dos problemas da retidão é que você espera que os outros vejam as coisas *da sua maneira*, o que significa que você não é capaz de ouvir com o coração aberto. Você deseja apenas que os outros concordem com você. Quando eu era uma ardente defensora do vegetarianismo, acreditava que ninguém deveria comer carne e eu era capaz de demonstrar todas as razões relacionadas com a saúde, ecológicas, econômicas e éticas que me levavam a pensar assim! Trinta anos depois, eu ainda escolho ser vegetariana, mas reluto muito mais em meter o nariz nos assuntos das outras pessoas ou em tentar controlar o mundo. As minhas escolhas são apenas minhas, e o que qualquer outra pessoa faz não é da minha conta. Ninguém pode saber o que é certo para os outros, e nem qual é o Caminho deles, e me sinto feliz por vivermos em um planeta onde a maioria das pessoas é livre para escolher e onde existe uma interessante variedade de estilos de vida, valores e pontos de vista. Não sinto mais necessidade de que os outros concordem comigo. Na realidade, *gosto* que as pessoas sejam diferentes de mim. Como o mundo seria monótono se todos tivessem as mesmas opiniões e convicções!

O nosso eu superior celebra e aprecia a diversidade, mas o ego apreensivo trata a diferença como um problema ou ameaça. Se uma pessoa tem uma perspectiva diferente, e estamos aprisionados no modo de medo, temos a tendência de perguntar quem está certo e quem está errado, quem é bom e quem é mau, ou quem é melhor e quem é pior. E nós queremos ser aquele que é bom, que está certo e é melhor. Aquele que está além da reprovação. Não importa se a discussão é sobre como criar os filhos, a reciclagem do lixo ou o tipo de trabalho que fazemos; o ego amparado no medo tende a se sentir por cima ou por baixo, rebaixando os outros para se sentir bem e respeitável, ou se sentindo inadequado devido à comparação. Quando você precisa ver a si mesmo como bom e perfeito, alguém precisa ser mau, estar errado o ser inadequado – em vez de simplesmente *diferente*. Necessidades, valores, prioridades, convicções e opiniões diferentes. A verdade é que todas as pessoas são boas e estão certas a partir do ponto de vista delas, se ao menos você escutar com um coração aberto e compassivo. Se ao menos você pensar como o Universo.

*Para o seu eu superior, todo mundo
é bom e está certo.*

Resistir ou avançar

Quando as suas vibrações giram em torno do sentimento de superioridade moral, você está em modo de medo, de modo que tem a tendência de *resistir* ao que é negativo, em vez de *avançar em direção* ao que é positivo. Você critica, se queixa e procura defeitos. Você motiva os outros a mudar por intermédio do medo, do dever ou da culpa, em vez de por meio do amor, da alegria e da inspiração. Você tenta controlar ou excluir o que você considera como nocivo ou ameaçador. Assim como aqueles que você critica, você insiste: "Eu estou certo e você está errado". Você talvez até justifique o fato de fazer mal aos outros alegando que *sabe* que você está certo! Esse é o amor condicional. Você quer que outra pessoa ou o mundo se modifique para que você possa se sentir feliz e contente, em vez de se tornar feliz e contente para que a realidade possa mudar. Você está tentando mudar o mundo de fora para dentro, e depois atrai mais coisas do mesmo tipo. Quando você esbraveja e se rebela contra qualquer coisa, você se sintoniza com as vibrações dela. Você se torna então parte do problema, em vez de parte da solução.

Pessoalmente, não gosto de macarrão com molho de queijo, mas não quero que todo mundo concorde comigo e tampouco insisto para que ele seja banido dos restaurantes. Eu simplesmente não como esse prato. Podemos ser exigentes com relação às nossas escolhas, sem criticar as opções ou as prioridades das outras pessoas. "Oh, mas macarrão com molho de queijo é um exemplo trivial", você poderá argumentar. "E a guerra? Certamente *todo mundo* concorda em que a guerra é uma coisa ruim, não é mesmo?" Bem, aparentemente, não, caso contrário todas as nações estariam vivendo tempos de paz. "Mas é exatamente por esse motivo que temos que fazer com que as pessoas *compreendam* que a guerra é uma coisa muito má e errada!" Mas julgar qualquer coisa como sendo má e errada simplesmente nos faz ficar mais atolados na lama. Esse não é o modo de pensar do Universo, que não condena, que é sempre compreensivo e compassivo. A guerra precisa estar satisfazendo às necessidades de algumas pessoas, caso contrário ela deixaria imediatamente de existir e, em um Universo baseado na lei da atração, não há vítimas. Sem dúvida, ninguém poderia lançar bombas enquanto estivesse plenamente conectado à Fonte, mas as pessoas envolvidas na guerra invariavelmente encaram a si mesmas como "estando certas". E a nossa honrada indignação a respeito do "mau" comportamento delas não favorecerá a situação! Essa atitude procede da mesma dualidade, do julgamento. Resistir à guerra jamais nos conduzirá à paz.

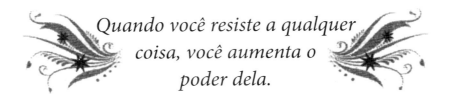

Quando você resiste a qualquer coisa, você aumenta o poder dela.

Recentemente fui cofundadora de um projeto destinado a levar a espiritualidade universal a uma igreja anglicana da minha cidade. Formamos um grupo que oferece reuniões semanais voltadas para a criação, que são prazerosas, inspiradoras e enaltecedoras: uma espiritualidade de amor incondicional que transpõe os limites entre as religiões. (O que talvez esteja mais próximo do que Jesus realmente ensinou, ou poderia ensinar hoje, do que o que chamamos de cristianismo.) Dependendo da ocasião, apresentamos uma bênção celta, um poema sufista, um canto indígena americano, uma prece judaica ou aramaica, uma dança em círculo, um ritual ou uma visualização de cura, um canto taizé, pensamentos e reflexões inspirados, o silêncio compartilhado, e acendemos velas. Os serviços habituais das manhãs de domingo têm lugar paralelamente a essas novas reuniões, para aqueles que se sentem à vontade com a antiga teologia. Em vez de rotular a Igreja de má ou errada, reconhecemos que ela satisfaz às necessidades de algumas pessoas e tem os seus pontos fortes. (Tentar ser bom *efetivamente* faz com que nos sintamos melhor do que quando as nossas vibrações giram em torno da vergonha, da culpa ou da insegurança.) Como qualquer religião, ela é o caminho certo para muitas pessoas. O nosso objetivo é promover a integração e respeitar a necessidade de todos. Temos consciência de como o dogma religioso amparado no medo, na culpa, no controle e no julgamento nos limita e nos perverte, mas não nos opomos a ele, pois isso apenas aumentaria a resistência à mudança. Aceitamos a situação existente, ao mesmo tempo que avançamos em direção a uma amorosa e fortalecedora visão do que poderá existir.

Isso assinala uma mudança radical na minha consciência. Durante muitos anos, lutei *contra* o antigo paradigma na saúde, na psicologia, na religião e na educação. Eu investigava o que estava *errado* com as antigas abordagens – a medicina alopática e a psiquiatria, a psicologia convencional, a religião patriarcal e a educação baseada no lado esquerdo do cérebro – e criticava-as extensamente. Como qualquer pessoa que defende uma causa, eu estava certa de que tinha razão! Em seguida, aos poucos, comecei a entender que todas essas coisas simbolizavam partes minhas que estavam bloqueadas e desejosas de entrar em contato com o amor. Partes minhas que estavam perdidas no medo e na reprovação. E como qualquer eu da Sombra, talvez tivessem sabedoria e outros presentes para mim. Mas quanto mais eu criticava, mais essas partes se instalavam ou disparavam a hostilidade de volta para mim.

Pouco a pouco, comecei a conhecer professores, médicos e ministros da igreja que eu amava e por quem me interessava como amigos, e passei também a respeitar e apreciar o seu trabalho, compreendendo que os nossos modelos não estão, afinal de contas, tão separados. Mesmo quando estão, todo mundo tem algo positivo para oferecer. As minhas antigas defesas e limites começaram a se dissolver. Eu ainda quero ver o mundo mudar, mas não desejo mais controlar ou criticar os outros. De vez em quando, escorrego nos antigos hábitos, mas quando me apanho vendo problemas ou defeitos, eu agora almejo construir pontes. Ou então, às vezes, simplesmente digo a mim mesma para recuar, não meter o nariz onde não sou chamada e aceitar os outros como eles são!

> Existe um papel limitado para analisar o que está "errado", para investigar as causas subjacentes de um problema – mas precisamos enxergar através dos olhos do Amor. Precisamos primeiro mudar a nossa consciência. Como dizia Gandhi, temos que nos tornar a mudança que queremos ver no mundo. Procurar defeitos nos outros (ou, o que é ainda pior, em nós mesmos)

destrói a nossa paz interior, e é esta última que tornará possível a paz mundial. Só é possível promover a mudança por intermédio do amor incondicional. O amor que tolera e envolve, em vez de excluir ou rejeitar. O amor que cura feridas e separações. O amor que escuta com o coração aberto. O amor que é respeitador e abrangente. O amor que reverencia o que existe, ao mesmo tempo que sustenta uma visão para o futuro.

Enquanto você não se aproxima com amor e compaixão daqueles que podem parecer bloqueados, até mesmo estar agindo de maneiras negativas ou destrutivas, ou que simplesmente têm um ponto de vista diferente do seu, você está jogando os antigos jogos de nós e eles. Jogos de combate. Pensamento inimigo. Você está vivendo a partir da antiga cosmologia, que promove o medo e a separação em vez do amor e a união. Quando você está conectado à Fonte, você se sente seguro, digno e amoroso – e ama e respeita os outros. Você pode então se tornar uma incrível força para a mudança social. Em vez de protestar, você se torna uma pessoa que tem sonhos e visões.

 *Procurar defeitos no mundo destrói a sua paz interior.*

Assuma a responsabilidade

Sejam quais forem as suas preocupações a respeito do mundo, vale a pena perguntar se elas refletem os seus problemas pessoais. Se você se preocupa com a paz mundial, você precisa se concentrar para encontrar a paz interior? Se você se aflige com o abuso infantil, será que não pratica abuso contra a sua criança interior, talvez por deixar de dar atenção aos seus sentimentos ou por trabalhar em excesso? Se a sua preocupação é a fome no mundo, de que maneira você se priva ou se despoja? Se você defende as pessoas impotentes e vulneráveis, como você cede o seu poder a outros? Se você se preocupa com a poluição, você polui a sua consciência com pensamentos negativos? O que você precisa pôr em ordem? O problema está realmente fora de você – ou será que está dentro?

Essa não é uma *alternativa* para a prática da ação global, e sim algo a respeito do que você deve pensar. Uma vez que os seus problemas sejam resolvidos, ou você simplesmente se conscientizar mais deles, as questões mundiais passarão a *perturbá-lo* menos. Você estará menos propenso a ficar imobilizado em uma dolorosa dualidade e poderá praticar uma ação global a partir de um nível mais elevado de consciência.

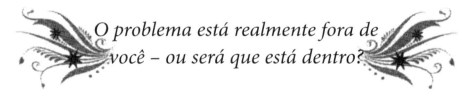

O problema está realmente fora de você – ou será que está dentro?

AJUDA OU RESGATE?

As pessoas que querem ajudar os outros ou mudar o mundo frequentemente cresceram se sentindo responsáveis pela felicidade e bem-estar dos outros. Essa atitude poderá parecer compassiva e de grande ajuda, mas encerra perigos ocultos. Com frequência significa buscar um sentimento de autoestima cuidando dos outros – e a linha de separação entre a ajuda e o resgate é muito tênue. Estamos "resgatando" sempre que tentamos fazer coisas *para* as pessoas, em vez de ajudá-las a ajudar a si mesmas, quando sacrificamos as nossas necessidades em prol dos outros, tentamos protegê-los ou acreditamos saber o que é melhor para qualquer pessoa. Em vez de ensinar alguém a pescar, podemos levar todos os dias um peixe para a pessoa (e felicitar-nos por ser extremamente generosos e caridosos). Em vez de perguntar por que uma pessoa está tendo dores de cabeça, podemos oferecer a ela um analgésico, encobrindo a causa com uma solução externa. Em vez de esperar que uma pessoa lide com o seu próprio medo ou insegurança, podemos tentar protegê-la dos "lobos maus" – ou tentar mudar as condições externas *para ela* – o que não apenas mantém a causa, como também reforça a ideia de que ela é fraca, impotente ou está ameaçada. Estamos sendo coniventes quando consideramos que o problema está fora da pessoa.[40]

Todo mundo tem o poder de tornar os seus sonhos realidade. Você não pode controlar as vibrações dos outros, de modo que não pode ser responsável pela felicidade ou bem-estar deles. Se você tentar mudar a vida de qualquer pessoa a partir do exterior, você estará nadando contra a correnteza.

Com frequência sentimos uma sensação maravilhosa ao dar presentes para alguém, ser útil de alguma maneira ou oferecer amor e compaixão, pois neste caso a pessoa nos atraiu como um veículo para que isso acontecesse, estamos sendo sensíveis às vibrações dela e todos ficarão felizes. Mas se você se sentir pesado, frustrado, tenso, inibido, forçado, compulsivo, cansado ou virtuoso – ou se a pessoa der a impressão de estar resistindo à sua "ajuda" ou simplesmente sentir que você tem a obrigação de fazer o que você está fazendo – você está sendo excessivamente responsável. Você está resgatando em vez de ajudar.

Resgatar os outros quer dizer que você talvez esteja tentando fazer com que *você* se sinta melhor, ou então buscando aprovação ou admiração. Significa que você pode estar tomando partido em um conflito emocional, em vez de enxergar o quadro global, que talvez você esteja vendo a pessoa como uma vítima ou indefesa. Você pode estar impondo a sua moralidade aos outros, em vez cuidar do que lhe diz respeito. Você pode estar se considerando mais forte, mais sábio ou mais engenhoso – o que tira o poder da pessoa, já que a verdade é que todo mundo tem a sua ligação individual com a Fonte, precisa seguir a sua própria orientação e ter o seu poder pessoal. Resgatar significa que você a está mantendo imobilizada, em vez de ajudá-la a crescer e mudar.

Como você não pode controlar as vibrações dos outros, não pode controlar o que eles criam.

Enquanto redijo este capítulo, o dirigente da Igreja Católica na Inglaterra está pedindo às pessoas que comam menos em solidariedade aos pobres do mundo. Essa ideia me deixa absolutamente perplexa! A sugestão dele está de acordo com a antiga teologia da culpa, do sacrifício e da redenção, mas como é possível alguém imaginar que o fato de *mais* pessoas passarem fome ou necessidade poderá tornar o mundo um lugar melhor? Faria sentido ficarmos doentes em solidariedade aos que estão enfermos? Ou nos separar dos entes queridos para ser solidários com aqueles que estão sozinhos? Devemos desistir da nossa felicidade e otimismo em solidariedade com aqueles que são infelizes e negativos? Isso realmente ajudaria alguém? Pensar dessa maneira é loucura. Significa simplesmente que mais pessoas se desligarão da ilimitada abundância e amor do Universo – e depois tentarão se religar e se redimir sendo boas. Essa ideia também procede da convicção limitante de que o mundo é uma realidade sólida que tem apenas uma quantidade limitada de benefícios para colocar em circulação, de modo que se você tiver mais, outros têm menos, o que é uma grande receita para a culpa. Por que não nos sentir simplesmente *gratos* pelos presentes e pela abundância na nossa vida? Dessa maneira, contribuímos para a gratidão e alegria da humanidade.

O místico Mestre Eckhart disse o seguinte: "Se a sua única prece na vida fosse dizer obrigado, já seria suficiente". A gratidão e o reconhecimento são vibrações extremamente elevadas que o colocam em harmonia com o seu eu superior; elas o tornam receptivo a receber presentes. O autossacrifício sempre dividirá a sua energia e afastará os seus presentes. Se você respaldar convicções que enfatizam a carência e a escassez, é isso que você ajudará a criar no mundo. Se você sustentar vibrações de prosperidade, saúde e relacionamentos amorosos, é isso que você ajudará a criar no mundo.

Se eu permitir que mais coisas fluam para a minha vida, ajudarei outras pessoas a se abrir para receber.

CULTIVE A SI MESMO

Você não pode dar aos outros a partir de um cálice vazio. Se você tentar agir enquanto força caminho através da resistência, sempre obterá um resultado oposto ao desejado. Você começa a ficar ressentido e a se sentir bloqueado e exausto. Como um hamster que gira na roda, você se empenha cada vez com mais intensidade, mas faz pouco progresso. Você desenvolve um sentimento de urgência, ou até mesmo de desespero. A situação causa dependência, e é difícil parar. (Eu sei porque já estive nela!) Você poderá se sentir virtuoso, mas raramente alcançará os níveis mais elevados da escada emocional. Se você encarar o seu trabalho como uma tarefa ou missão que lhe foi atribuída, ou se ele se tornar uma falsa fonte de mérito e redenção, é fácil achar que você nunca fez ou deu o suficiente, o que é um declive escorregadio em direção à compulsão de trabalhar demais e ao esgotamento. Você está encarando a vida como uma missão em vez de como um presente.

Lembro-me de ter ouvido há alguns anos uma voz interior me dizer com severidade: "Você não está aqui para viver a sua vida. Você está aqui para servir o mundo!" Chocada, reconheci que essa voz que queria me fazer trabalhar arduamente procedia da mitologia que encara a vida como uma provação, uma parte minha bem-intencionada porém crítica que estivera no controle durante um longo tempo.[41] Eu sabia que ela só estava querendo ajudar, mas em vez de me curvar às suas duras exigências e continuar a trabalhar longas horas, decidi mudar a minha energia.

Ainda desejo intensamente mudar o planeta – ver um mundo de amor incondicional, alegria, liberdade e consciência espiritual – mas hoje eu sei que para promover o amor preciso amar a mim mesma. E para fomentar a liberdade no mundo, preciso primeiro me libertar. Já chega, e hoje prefiro escrever umas poucas obras inspiradoras e aproveitar a vida ao máximo do que redigir um sem-número de livros medíocres nascidos do autossacrifício. Além disso, serei muito mais competente como escritora, uma companhia mais divertida e viverei mais tempo! Nós não podemos inspirar nenhuma pessoa, a menos que estejamos conectados à Fonte. *Tudo* depende das nossas vibrações. Quanto mais alto você subir na escada emocional, mais você será capaz de dar.

A boa notícia é que – se você quiser exercer uma influência positiva no mundo – terá que se empenhar em seguir a sua felicidade, cultivando a si mesmo e mantendo a sua vida equilibrada. Cada dia deverá lhe dar a impressão de que você está de férias, quer seja ou não um dia "de trabalho". Hoje em dia eu só digo sim para aquilo que parece ser bom. Se alguém me pede uma coisa e sinto resistência, eu sei que o pedido não está no fluxo. As vibrações da pessoa não estão em harmonia com o que posso oferecer, ou ela está aprisionada na condição de vítima, medo ou raiva, e eu a estaria resgatando em vez de ajudando. Ou talvez o momento não esteja certo. Ajudar alguém ou dizer sim sempre proporciona uma sensação prazerosa quando essa atitude está no fluxo e, neste caso, ambas as pessoas são beneficiadas. Se a sensação não for boa, a regra é que a situação não está favorecendo nenhuma das duas. Se isso acontecer com você, você estará contrariando o fluxo. Como sempre, *nada é mais importante do que a maneira como você se sente.* A sua principal responsabilidade é para consigo mesmo, para que você permaneça conectado à Fonte.

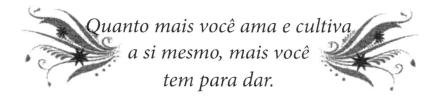

Quanto mais você ama e cultiva a si mesmo, mais você tem para dar.

Eu poderia terminar agora este capítulo, mas vou sair para me encontrar com um amigo em uma lanchonete. Depois de tomar um *cappuccino* e comer uma torta, e bater um papo produtivo durante uma ou duas horas, talvez eu encontre mais palavras inspiradoras do que se tivesse continuado obedientemente a trabalhar no computador. Talvez não. Mas não sinto mais que precise me justificar por parar para caminhar ou fazer uma massagem, ir a uma aula de Qi Gong ou interagir com outras pessoas. Não tenho que justificar a minha existência por meio do trabalhando ou cuidando dos filhos – ajudando os outros. A minha vida finalmente me pertence. Lidar com a minha caixa de entrada é menos importante do que caminhar nas montanhas ou empinar papagaio com o meu filho. Posso deixar para escrever amanhã. Ou depois de amanhã. Ou quando escrever parecer maravilhoso. Em alguns dias escrevo de madrugada, tão feliz e absorta em ideias e criatividade que o tempo simplesmente se dissolve.

Visualize um futuro dourado

Quando você está se sentindo feliz, amoroso e agradecido, você *está* exercendo uma influência positiva, mesmo enquanto perambula sozinho pelo campo, fica sentado em uma lanchonete ou faz carinho no seu gato, pois a sua energia é inseparável do restante do Universo. Você pertence à rede interconectada da vida. Se você se sente feliz, contribui com alegria para a rede energética. Se se sente amoroso, está adicionando amor ao mundo. Existe maneira melhor de contribuir? Cada pensamento positivo eleva a vibração do planeta inteiro, talvez só um pouquinho, mas faz diferença. Cada vez que você relaxa e acompanha o fluxo, você levemente torna mais fácil para os outros fazer a mesma coisa. E cada vez que se expande com amor e gratidão, os anjos cantam, pois você está ajudando a criar o céu na Terra.

Inversamente, todas as vezes que você julga a si mesmo, os outros ou o mundo, você aumenta a negatividade do planeta. Sempre que fica apreensivo a respeito de problemas ecológicos, de conflitos globais ou do futuro da humanidade – ou mesmo da sua segurança pessoal – você intensifica o medo e a ansiedade do mundo. Todas as vezes que assiste ao noticiário da televisão e diz a si mesmo que o mundo está se tornando mais indiferente, violento, doentio ou pura e simplesmente horrível, você aprofunda a concentração de pensamentos negativos. Sempre que você acredita na carência, na escassez ou na competição – ou se sacrifica pelos outros – você está se esquecendo de que este é um Universo ilimitado. Sempre que você se preocupa com outra pessoa e erroneamente chama essa preocupação de amor, você está associando o amor ao medo. Você está se isolando do amor incondicional. Está promovendo padrões que nos mantêm aprisionados no mundo do medo. E você sabe o que está fazendo porque você *se sente mal*. "Oh, mas eu só me sinto mal porque tenho muita pena dessas pessoas, estou extremamente preocupado com a situação do mundo ou porque eu me importo demais", você poderá dizer. Não, você não se importa. Você se sente mal porque está se separando do seu eu superior. E se você se recriminar por fazer isso, tornará as coisas muito piores! Somos todos humanos. Todos resvalamos nesses padrões habituais de pensamento, portanto desperte, ria suavemente e lembre a si mesmo que tudo está evoluindo com perfeição.

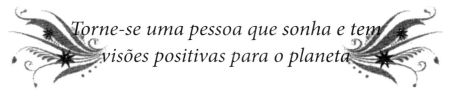

Torne-se uma pessoa que sonha e tem visões positivas para o planeta

Como disse Eleanor Roosevelt: "O futuro pertence àqueles que acreditam na beleza dos seus sonhos". Conscientizar-se dos problemas globais e querer ajudar a tornar o mundo um lugar melhor, sem enfatizar os aspectos negativos, pode ser uma delicada acrobacia. À semelhança do que acontece quando você quer que os seus sonhos pessoais se realizem, o truque é voltar a atenção para o que você deseja criar, ou para como você visualiza o mundo, em vez de se concentrar no que você vê como mau ou defeituoso.

Nada está errado. Nada precisa ser consertado. Tudo está simplesmente em um estado de expansão, de evolução, de crescimento e de mudança. E é assim que sempre será, de modo que é melhor você se acostumar. Quando você vê as coisas através dos olhos do amor, não vislumbra nenhuma escuridão. Você enxerga apenas o potencial para mais luz. Em seguida, você se concentra como um raio *laser* nesse potencial futuro, contribuindo para torná-lo realidade. O seu eu superior nunca se concentra em problemas, apenas em soluções.

Em um nível global, você não imagina que o que quer que tenha criado este Universo e feito com que a Terra milagrosamente girasse na sua órbita também possa regular a temperatura do planeta e nos ajudar a descobrir maneiras de lidar com os resíduos radioativos, ogivas nucleares e o solo arável que está desaparecendo? As forças criativas do cosmos são ilimitadas. A energia é infinitamente flexível e mutável, mas está inextricavelmente ligada à consciência. Essa é a realidade psicoenergética. Se você se preocupa com o aquecimento global e outras questões ecológicas – ou com a guerra, a pobreza, o câncer ou o terrorismo – você simplesmente cria mais manifestações desse tipo. A preocupação é como uma prece, que atrai mais coisas da mesma espécie.

Quando fazemos um pedido e relaxamos, somos sempre guiados em direção a soluções. Somos centelhas divinas em ação. Na realidade, talvez tenhamos criado esses problemas globais a fim de forçar a nós mesmos a expandir-nos em uma consciência mais elevada, para ver a visão global, para descobrir o poder criativo do pensamento, para ir além das nossas antigas limitações, para nos religarmos ao amor, à fé e à confiança, já que os problemas não podem ser resolvidos no nível de consciência no qual são criados.

Somos aprendizes de deuses e deusas, e damos à luz desejos e visões que *podemos* posteriormente manifestar, seja de um modo pessoal ou global. Se você for capaz de imaginar e acreditar, pode acontecer. Nada se manifesta sem primeiro ser evocado na imaginação de alguém, de modo que você deve dedicar algum tempo aos devaneios. O mundo não precisa de pessoas preocupadas, alarmistas ou críticas, mas necessita muito de pessoas que sonham. Por conseguinte, torne-se um visionário amoroso para o planeta. E comece a assumir a responsabilidade por criar a sua fatia do céu na Terra, ao tornar a sua própria vida o mais celestial que você possa imaginar.

Apenas para você

ENCONTRE O SEU PROPÓSITO MAIOR

O que faz o seu coração cantar? O que você adora fazer? O que lhe traz mais alegria? Quais são os seus pontos fortes e os seus talentos? O que desperta a sua paixão e o seu entusiasmo? Como você deseja ver o mundo evoluir? Certifique-se de que não está tentando ser bom, digno ou moralmente correto; que não está procurando defeitos em ninguém; que não está se identificando com os outros e nem tentando resgatá-los ou protegê-los, em vez de amar e cultivar a si mesmo.

À medida que você segue a sua felicidade e se concentra nos seus sonhos pessoais e globais, você avança, passo a passo, em direção ao seu propósito maior – frequentemente descobrindo a sua combinação exclusiva de talentos, conhecimento e experiência. Ensinamos o que mais precisamos aprender, de modo que não diga a si mesmo que precisa colocar em ordem a sua vida antes que possa se dedicar ao seu propósito maior. As nossas maiores "imperfeições" são, com frequência, a origem dos nossos maiores dons. A vida nunca é perfeita! Está sempre se expandindo. Comece agora o que quer que você almeje fazer.

DÊ FORMA À ENERGIA

Assuma uma posição confortável e relaxe profundamente. Escolha um sonho que você deseje que se torne realidade. Pode ser um sonho global, como a paz entre nações turbulentas, salvar as florestas tropicais ou a bondade para com os animais. Pode ser também um sonho pessoal como encontrar o emprego dos seus sonhos, trabalhar por conta própria, escrever um livro ou produzir uma obra de arte. Imagine esse desejo como se ele fosse apenas energia – que é exatamente o que ele é – e visualize essa energia. Ela pode ter a aparência de raios de luz, de um caleidoscópio colorido, de uma estrela brilhante, de bolhas que traspassam umas às outras ou um borrão de energia turva e informe. Pense agora no seu sonho e em quanto você o deseja, e torne a energia mais bela, mais colorida, mais integrada ou cuidadosamente formada, mais luminosa e mais espetacular. Use a imaginação para transformar essa energia em uma forma que transmita uma boa sensação e pareça radiante.

Passe alguns minutos por dia fazendo isso – ou com a frequência que parecer adequada – até que a energia pareça estável, brilhante e pronta para gerar, e sempre que você pensar no seu desejo, vibre com prazerosa expectativa. Siga então quaisquer impulsos intuitivos para entrar em ação. Você está ajudando a dar origem a um novo futuro.

Capítulo 9

Ouse viver, ouse sonhar

O desafio é ousar acreditar nos seus sonhos no centro da ilusão.
Emmanuel[42]

Se você deseja criar o seu próprio céu na Terra, comece neste exato momento. Ame o que existe, enquanto procura alcançar o que poderá existir. Viva cada dia com plenitude, bebendo-o como uma taça de champanhe e apreciando cada pequeno gole. Não adie a felicidade, o amor ou a liberdade para uma data futura – quando a vida tiver seguido em frente, um problema estiver resolvido, você tiver mais tempo livre, tiver encontrado a sua alma gêmea, os filhos estiverem mais velhos, aquele projeto estiver terminado ou a sua caixa de entrada estiver vazia. O tempo certo nunca chega. A caixa de entrada nunca fica vazia. A vida passa de mansinho enquanto você está esperando, e você adquire o hábito de esperar que a vida seja diferente, de esperar que alguma coisa mude ou de esperar pela permissão de alguém para ser livre. Depois, você mantém as vibrações do seu eu superior e os sonhos dele a distância. Logo depois da esquina.

"Diga-me, o que você planeja fazer com a sua única vida extraordinária e preciosa?" indaga a poetisa Mary Oliver.[43] A sua vida está acontecendo neste momento. É isso! Esta é a *sua* aventura na consciência. É um presente divino para você. Então o que você deseja fazer hoje com ele? E amanhã? E este ano? O que o enche de alegria e prazer? O que você adora fazer? Com quem você adora passar o seu tempo? Onde você adora estar? Que experiências prazerosas você gostaria de viver? Qual é o seu anseio divino? Quais são os seus sonhos mais extravagantes? O que quer que você ambicione fazer, faça-o agora. Ou então continue a imaginar e esperar o que você deseja até vibrar com a expectativa e atraí-lo para a sua realidade.

Que lugar no mundo você gostaria de visitar? As ilhas gregas? O Taj Mahal? San Francisco? O Grand Canyon? A Grande Muralha da China? A Ilha da Páscoa? A República das Seychelles? Os templos de Bangcoc? Machu Picchu? O que você sonha em fazer? Mergulhar nas proximidades de recifes de corais? Fazer uma excursão ao Himalaia? Atravessar o deserto do Saara em um camelo? Participar de um safári na África? Praticar o *rafting* nos rios do Colorado? Ver renas na Lapônia? Nadar no Mar Morto? Fazer compras nos mercados de Marrakesh? Ou será que você alimenta o imenso desejo de tocar saxofone, fazer esculturas de madeira ou andar sobre o fogo? Ou de construir a sua casa? Viver em uma das ilhas dos mares do sul? Ou montar uma fazenda orgânica? Este planeta tem abundantes possibilidades maravilhosas. Por que não planejar hoje a sua próxima aventura, experiência emocionante ou escoadouro criativo?[44] (Ou você já está pensando em razões pelas quais o seu desejo é impossível? *Não tenho recursos para isso. Não disponho do tempo necessário. O número de compromissos é excessivo. O meu preparo físico é insuficiente. Tenho muito medo. Quem sabe no ano que vem. Parece maravilhoso, mas...*) Se você evitar a mudança e permanecer fiel à sua rotina de sempre, você permanecerá leal aos seus pensamentos habituais. Os seus desejos esmorecem, e você adormece. As viagens, a variedade e as novidades podem sacudir os seus antigos hábitos e fazer com que você desperte.

Você pode fazer, ser ou ter qualquer coisa que deseje. A vida nunca será perfeita, já que está sempre em um estado de desenvolvimento. Está sempre seguindo adiante, mudando e se expandindo – à medida que você avança dos desejos para a realidade e, em seguida, para novos desejos. Você sempre estará procurando mais. É assim que o Universo evolui. Nada está errado, e todos estamos nos saindo bem. Você nunca chegará ao seu destino, de modo que precisa aproveitar a jornada. Desfrute cada passo. Apaixone-se loucamente pela vida. Viva para o dia de hoje e avance na direção de um amanhã ainda mais maravilhoso.

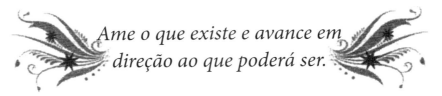

Ame o que existe e avance em direção ao que poderá ser.

Você pode se sentir bem a respeito do que quer que esteja acontecendo neste momento, encontrando pensamentos mais positivos e seguindo o fluxo. Quando você muda a sua vida de dentro para fora, transformando o seu mundo interior, você encontra a verdadeira liberdade e o amor incondicional. Uma vez que você se sinta feliz sem condições, você é verdadeiramente livre. Você então liberta outras pessoas e torna-se uma fonte de alegria e inspiração para aqueles que o cercam. Você está ajudando a cocriar o céu na Terra.

Este mundo não é um lugar sólido e mundano. É uma realidade mágica que reage energeticamente aos seus pensamentos, aos seus desejos e à sua imaginação. Você é um tecedor de sonhos que molda o seu futuro com cada pensamento, de modo que deve escolher sabiamente os seus pensamentos. Você provará que está certo, independentemente daquilo em que acredita. Se você prestar atenção à voz do medo e da dúvida, você permanecerá aprisionado por ser bom, por se conformar ou permanecer em segurança. Preste atenção à voz do Amor, e você acreditará em contos de fadas nos quais as pessoas vivem felizes para sempre. Preste atenção à voz do Amor e você poderá tornar todos os seus sonhos em realidade. Você poderá se tornar uma borboleta.

O Universo o ama e o valoriza, e está sempre do seu lado. O amor é a vida acreditando em si mesma. Portanto, acredite em si mesmo e liberte-se. Aceite que a vida é um presente do Universo e use os seus sentimentos para entrar no fluxo. Habitue-se a se sentir bem. Ouse violar as regras. Atreva-se a viver a sua própria vida. Tenha coragem de ser diferente. Ouse seguir a sua felicidade. Tenha coragem de viver de um modo criativo. Atreva-se a amar apaixonadamente. Ouse se expandir e se relacionar. Ouse confiar. Atreva-se a dançar e sonhar. Tenha coragem de ter visões. E observe os milagres se revelarem.

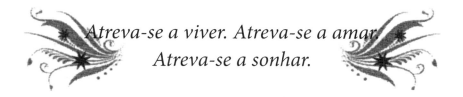

Atreva-se a viver. Atreva-se a amar. Atreva-se a sonhar.

Doze diretrizes para você criar o seu próprio céu na Terra

SIGA AS SEGUINTES DIRETRIZES DURANTE APENAS 21 DIAS E OBSERVE A SUA VIDA SE TRANSFORMAR:

1. **Aceite a vida como um presente**. Você não precisa conquistar ou merecer o amor (ou a alegria, o sucesso, o dinheiro ou qualquer outra coisa). Você não está aqui para agradar a ninguém. O Universo quer que você – isso mesmo, você pessoalmente! – seja delirantemente feliz. O Universo diz sim, imediatamente, a qualquer coisa que você peça. Tudo o que você tem a fazer é deixar de ser um obstáculo no seu caminho.

2. **Esclareça os seus desejos.** Não existem sonhos impossíveis. Se você tem um desejo sincero e é capaz de acreditar nele e pressupor que ele irá se tornar realidade, você pode sonhar com ele e torná-lo realidade. Quais são os seus sonhos? O que você quer

e por que o quer? (Se você perdeu o contato com os seus sonhos, siga algumas das outras diretrizes apresentadas aqui até que as suas vibrações fiquem mais elevadas, para que a sua visão se expanda.)

3. **Use os seus sonhos para entrar no fluxo.** Nada é mais importante do que se sentir bem, já que esse é o seu indicador pessoal da sua ligação com a Fonte. Confie na sua orientação emocional. Escolha pensamentos e ações que pareçam prazerosos, reconfortantes, liberadores e que fomentem a sua autoestima. Seja sincero consigo mesmo. Não tente ser bom ou perfeito. Não se sinta impelido a agradar aos outros à custa das suas próprias necessidades e desejos. Não tente controlar, restringir ou manipular os outros para se sentir melhor, porque o tiro sempre sai pela culatra. Lembre-se de que a raiva pode ser um degrau positivo quando você se sente desautorizado, mas ela é apenas um degrau. Preste atenção à voz interior do Amor. Galgue a sua escada emocional. Mude o seu mundo de dentro para fora, não de fora para dentro.

4. **Torne-se um raio *laser*.** Você obtém aquilo em que se concentra, portanto pense a respeito do que você deseja em vez de no que é imperfeito, errado ou deficiente, no motivo pelo qual é pouco provável que o que você deseja aconteça, em quais são os seus bloqueios e problemas, em como os outros o estão atrapalhando, no por que você sente pena de si mesmo, do que você se arrepende ou de como o seu passado o tratou mal, ou em encontrar defeitos em

si mesmo, nos outros ou no mundo. Capte quaisquer pensamentos negativos e vire-os ao contrário. Faça uma lista de memórias, pensamentos, fragmentos de conversas, ideias e histórias que respaldem o seu desejo – o que o ajudará a pensar de um modo positivo e esperar que ele se realize. Leia diariamente a sua lista – ou reflita sobre ela, satisfeito, na sua imaginação – e continue a relembrá-la. Recuse-se a alimentar qualquer receio, dúvida ou incerteza a respeito do seu desejo. Acredite nos seus sonhos. (Dica: quando você se concentra exclusivamente no seu desejo, você sempre se sente bem.)

5. **Siga a sua felicidade.** Preencha os seus dias com atividades, pessoas, lugares e projetos que você ame, que façam com que você se sinta bem, que tragam à tona tudo o que há de melhor em você. Viva a sua vida, cada vez mais, como se você estivesse de férias. Nunca deixe seus sonhos para depois, porque você poderá esperar para sempre. Viva-os agora! Abandone a luta, o esforço, a obrigação e a ideia de que você é responsável pela felicidade de qualquer outra pessoa. Relaxe mais. Ria mais. Brinque mais. Divirta-se mais. Alimente-se mais de alegria. Siga a sua energia, fazendo qualquer coisa que lhe dê prazer neste momento. Adore a si mesmo!

6. **Dê valor a tudo e a todos**. Conte as suas bênçãos. Seja grato por tudo o que é maravilhoso na sua vida, bem como pela alegria e pela beleza de cada momento. Arranje tempo para cheirar as rosas. Expresse a sua gratidão e consideração pelos

outros. Parta do pressuposto de que todo mundo é bom e amoroso. Concentre-se no que as pessoas têm de melhor. E procure dar valor a si mesmo em todos os momentos. Admita que está se saindo muito bem. Reconheça os seus pontos fortes. Nunca se recrimine. Trate a si mesmo com o amor incondicional, a compaixão e o respeito que o Universo sente por você.

7. **Aceite o que existe.** Ame a sua vida como ela é, mesmo que ela não seja perfeita neste momento (já que nunca será!). Concentre-se no que é bom na sua vida. Mesmo que você esteja passando por uma crise, ou tendo momentos difíceis, respire profundamente e relaxe. Se conseguir, ria a respeito da situação. Não lute contra ela ou contra nenhuma emoção negativa. Faça as pazes com o que existe. Nenhuma experiência jamais é desperdiçada em um cosmos amoroso. Esse período produzirá bênçãos. Você está juntando preciosas pérolas. Qualquer coisa a que resistimos persiste, de modo que quanto mais profundamente você a aceitar, mais rápido ela poderá passar. *E ela passará.*

8. **Dedique tempo a devaneios felizes.** Assuma uma disposição de ânimo alegre e, em seguida, visualize diariamente o que você deseja, mais ou menos durante 15 minutos. Durante o dia, imagine sempre que você já tem aquele emprego ou casa ideal, que a pessoa que você ama está no quarto ao lado, que você tem uma saúde de ferro ou que a sua conta

bancária está quase explodindo de tão cheia. Sinta a alegria. Comece cada vez mais a vibrar em harmonia com esse eu futuro, em vez de com a sua realidade atual.

9. **Medite todos os dias.** Ou dedique-se a uma forma de meditação ativa como o tai chi, a dança, o *jogging* ou o yoga; qualquer coisa que acalme ou esvazie a sua mente, ou o ajude a se concentrar na sua respiração ou movimento. (E não se recrimine quando você se esquecer ou não tiver tempo! Isso não é grave.)

10. **Cerque-se de apoio.** Evite qualquer pessoa que faça você sentir medo, culpa, raiva ou insegurança, ou que sugue a sua energia – apenas por enquanto, até você ter certeza de que é capaz de elevar as suas vibrações independentemente das circunstâncias. Até deixar de lado a atitude defensiva. (Ou pelo menos parar de culpar as pessoas por mantê-lo fora do fluxo! Somente você pode fazer isso.) Seja receptivo a novos relacionamentos. Aproxime-se dos outros. Passe tempo com aqueles que fazem com que você se sinta apreciado e adorado, que o despertam e inspiram, que o encorajam a seguir o seu sonho. Trate-os também com carinho. Sustente o seu corpo com alimentos nutritivos e saborosos. Torne o seu lar um lugar belo e relaxante – um santuário de paz e amor. Arrume a bagunça. Leia livros inspiradores. Use cartões de afirmação. Acenda diariamente uma vela para que ela o faça se lembrar do seu sonho.

11. **Aja a partir da visão, da alegria e da inspiração.** Logo que você se sentir alegre, siga quaisquer anseios intuitivos que o estimulem a fazer alguma coisa. Se você não estiver se sentindo esperançoso, modifique a sua energia antes de tomar alguma medida ou decisão. Certifique-se de que está em modo de amor. Se você quer exercer uma influência positiva no mundo, concentre-se em elevar as suas vibrações, em se sentir bem, em vez de tentar mudar ou controlar os outros. Em seguida, faça o que quer que torne o seu coração feliz.

12. **Aja como se fosse acontecer.** Faça planos para o futuro como se o fato de os seus sonhos se tornarem realidade fosse uma conclusão predeterminada. Eles poderão não acontecer exatamente da maneira como você espera, ou quando você espera, porque o Universo pode ter planos ainda melhores, mas você pode ter certeza de que se você pedir, será atendido.

Quando você estiver no fluxo, dará consigo no lugar certo na hora certa, dizendo ou fazendo a coisa certa – e o Universo derramará presentes sobre você.

Epílogo

Assim que acabei de escrever este livro, viajei sozinha para o Egito e a Jordânia, onde visitei as pirâmides e a esfinge, perambulei pela "cidade perdida" de Petra, mergulhei no Mar Vermelho com um tubo de respiração e andei de motocicleta de quatro rodas nos cânions do deserto. Dia após dia, dei comigo em um estado de profunda alegria, paz interior e gratidão, completamente apaixonada pela vida. Tive a sensação de estar vivendo o céu na Terra.

Na véspera do dia em que voltei para casa, fiz uma excursão ao mosteiro de Santa Catarina no deserto do Sinai, cenário da sarça ardente, onde se diz que Moisés recebeu os Dez Mandamentos. Faz tempo que sinto um mal-estar com relação aos Dez Mandamentos, devido à negatividade e à reprovação que eles encerram, bem como ao seu tom paternal e limitante. Dizer que as pessoas *não* farão isto ou aquilo é uma psicologia extremamente prejudicial que seguramente as conduzirá à vergonha, ao conflito ou à revolta. (Experimente dizer a si mesmo "*Não* pensarás em um elefante branco" sem que um imediatamente lhe venha à cabeça.) Sem sombra de dúvida, poderíamos encontrar diretrizes mais liberadoras, fortalecedoras e inspiradoras na nossa vida.

Depois de me demorar na capela da Igreja Ortodoxa, sentei-me em uma rocha de arenito dourado do lado de fora dos muros do mosteiro, com o Monte Sinai elevando-se no alto, sobranceiro, e comecei a meditar. Quase que de imediato, fui invadida por uma alegria e bem-aventurança exuberantes (a energia da Fonte). Intuitivamente, peguei um bloco e uma caneta. Em seguida, ouvi uma voz interior que me disse: "Há dois mil anos, Jesus veio para a Terra com uma mensagem de amor incondicional, mas poucos estavam prontos para ouvi-la. A humanidade está agora preparada para receber a mensagem. A época de mandamentos gravados na pedra já passou. É chegada a hora dos convites. À semelhança de muitas pessoas que irão mostrar o caminho nesta nova era, Dez Convites para a humanidade lhe serão agora oferecidos como uma alternativa para os Dez Mandamentos, convites esses baseados em uma espiritualidade de amor incondicional, que restabelece o aspecto feminino divino. Este período assinala a alvorada de um novo céu e uma nova Terra."[45]

Depois disso, quase não consegui falar durante várias horas. O meu êxtase era tal que eu estava me sentindo quase como um ser angelical, e me perguntei, em parte, se eu não estaria resplandecendo com luz. As pessoas se viravam, sorrindo para mim, e as crianças me perseguiam. Quando voltei para casa, para o Lake District, aquela alegria extraordinária permaneceu comigo, junto com uma emocionante sensação de expectativa com relação ao que se avizinha – para mim, para você e para o mundo.

Eis os Dez Convites que recebi:

Dez convites

1. Você está convidado a amar incondicionalmente a si mesmo, os outros e a vida – confiante de que, em um Universo em evolução, tudo está se desenvolvendo perfeitamente.

2. Você está convidado a fazer o que quer que faça o seu coração cantar e o seu espírito dançar. Apenas isso.

3. Você está convidado a viver destemida e apaixonadamente – a assumir a sua divindade, enquanto abraça a sua humanidade.

4. Você está convidado a tratar a si mesmo e os outros com um respeito e amabilidade extraordinários, aproximando-se com amor de todos os seres e enxergando a Luz dentro de todos.

5. Você está convidado a respeitar as convicções, sentimentos, valores e escolhas de todas as pessoas, valorizando o caráter único que elas encerram e lembrando que você não pode conhecer o caminho ou a orientação delas.

6. Você está convidado a respeitar a Terra, o seu corpo e toda a criação como sendo sagrados e divinos, bem como a celebrar a vida em toda a sua opulência.

7. Você está convidado a escolher a sua missão ou propósito, expressando os seus dons criativos, os seus talentos e a sua visão da maneira que lhe pareça mais prazerosa.

8. Você está convidado a escutar a voz interior do Amor, que sempre o liberta, sabendo que a sua benevolência e o seu valor nunca estão em discussão, e que você jamais pode cometer nenhuma injustiça.

9. Você está convidado a confiar em um Universo amoroso e abundante. *Pedi e recebereis. Buscai e encontrareis. Batei e a porta se abrirá.*

10. Você está convidado a seguir os seus sonhos e desejos, acreditando nos seus sentimentos e usando a sua imaginação para criar o seu próprio céu na Terra.

Notas

PREFÁCIO

1. Maggie Oman (org.), *Prayers of Healing* (Conari Press, 1977), p. 95. Manitongquat é um xamã e contador de histórias da tribo Wampanoag da Nova Inglaterra.

2. Ver, por exemplo, Paul H. Ray e Sherry Ruth Anderson, *The Cultural Creatives* (Three Rivers Press, 2000) ou qualquer um do constante fluxo de livros a respeito do novo paradigma emergente ao longo das últimas três décadas.

CAPÍTULO 1: A VIDA É UM PRESENTE DO UNIVERSO

3. Extraído dos ensinamentos de Abraham. Ver www.abraham-hicks.com ou *Ask And It Is Given* de Esther e Jerry Hicks (Hay House, 2004).

4. Ver, por exemplo, Rupert Sheldrake, *A New Science Of Life* (Blond and Briggs, 1981).

5. Ver, por exemplo, Fritjof Capra, *The Turning Point* (Simon & Schuster, 1982) [O Ponto de Mutação, publicado pela Editora Cultrix, São Paulo, 1986], Marilyn Ferguson, *The Aquarian Conspiracy* (Paladin, 1982), Gary Zukav, *The Seat of the Soul* (Simon & Schuster, 1990), Amit Goswami, *The Self-Aware Universe* (Tarcher/Putnam, 1995), Lynn McTaggart, *The Field* (Element, 2003) ou praticamente qualquer um dos milhares de livros nas minhas prateleiras!

6. Neale Donald Walsh, *What God Wants* (Hodder & Stoughton, 2005).

7. Ver, por exemplo, traduções e interpretações do original em aramaico dos ensinamentos de Jesus nos textos de Neil Douglas-Klotz – que oferecem uma visão muito diferente do cristianismo tradicional. Jesus provavelmente pregou em muitos níveis diferentes, mas parecia oferecer um ponto de vista holístico, fortalecedor e místico baseado no amor incondicional.

8. Extraído de "A Great Wagon" de Rumi. Ver, por exemplo, Coleman Barks com John Moyne (tradução), *The Essential Rumi* (Penguin, 1995), p. 36.

9. Ver, por exemplo, Matthew Fox, *Original Blessing* (Bear & Co, 1983).

CAPÍTULO 2: O MARAVILHOSO SEGREDO

10. Jane Roberts, *The Nature of Personal Reality: A Seth Book* (Prentice Hall, 1974), p. 23.

11. Ver, por exemplo, Amit Goswami, *The Self-Aware Universe* (Tarcher/Putnam, 1995).

CAPÍTULO 3: OS SENTIMENTOS SÃO IMPORTANTES

12. Candace Pert, *Molecules of Emotion* (Simon & Schuster, 1998), p. 265.

13. Os ensinamentos de Abraham se concentram amplamente na nossa orientação emocional. Ver www.abraham-hicks.com ou Esther and Jerry Hicks, *Ask and It Is Given* (Hay House, 2004). Ver também o livro de minha autoria *Wild Love* (Piatkus, 2006) e livros sobre a psicologia da energia como *The Healing Power of EFT and Energy Psychology* de autoria de David Feinstein, Donna Eden e Gary Craig (Piatkus, 2006).

14. Candace Pert, *Molecules of Emotion* (Simon & Schuster, 1998).

15. Esta é uma metáfora bastante usada nos ensinamentos de Abraham. Ver www.abraham-hicks.com ou Esther e Jerry Hicks, *Ask and It Is Given* (Hay House, 2004).

CAPÍTULO 4: A VOZ INTERIOR DO AMOR

16. Paul Ferrini, *Love Without Conditions* (Heartways, 1994/2003), p. 127. [*Amor Incondicional*, publicado pela Editora Pensamento, São Paulo, 2004.]

17. Eugene Trivizas e Helen Oxenbury, *The Three Little Wolves And The Big Pig* (Egmont, 1995).

18. Bruce Lipton, *The Biology of Belief* (Cygnus Books, 2005).

19. Sentir-se "preso pela lealdade" é uma característica de viver em modo de medo. Significa que você está sendo governado pelo medo, pelo hábito e pela insegurança, em vez de procurar avançar em direção ao seu eu superior. Ver o livro de Stephanie Mines a seguir – ou livros sobre a codependência como o de Melody Beattie, *Codependent No More* (Hazelden, 1987).

20. Ver Stephanie Mines, *We Are All In Shock* (Career Press, 2003) para obter mais informações sobre como e por que entramos em modo de medo, bem como sobre um método prático de cura baseado em um toque suave conhecido como a abordagem TARA. A psicologia energética, como a EFT* ou TAT**, também é excelente para liberar o choque e o trauma do sistema energético, conduzindo-nos assim de volta ao fluxo. Ver, por exemplo, www.emofree.com ou www.tatlife.com, bem como o meu livro anterior *Wild Love* (Piatkus, 2006).

* **EFT** - Emotional Freedom Techniques (Técnicas de Libertação Emocional) é uma técnica terapêutica derivada da Acupuntura e Cinesiologia Aplicada, desenvolvida por Gary Craig, conhecida também como "Acupuntura sem Agulhas". Baseia-se na descoberta de que a causa de todas as doenças e desequilíbrios emocionais reside no bloqueio do fluxo de energia nos meridianos. As técnicas envolvem alguns procedimentos que, apesar da aparência lúdica e pouco ortodoxa, são extremamente sérias e bem fundamentadas, utilizando pancadinhas (*tappings*) dos dedos em pontos específicos do rosto e corpo.

** **TAT** – Tapas Acupressure Technique (Técnica de Acupressura Tapas) é uma ferramenta de cura do campo da psicologia energética. O tratamento envolve segurar a cabeça do paciente com as mãos, em uma posição conhecida como postura TAT, enquanto os dedos são levemente colocados em pontos de acupressura altamente significativos. Durante a postura, o paciente volta a atenção para uma série de declarações ou pensamentos prescritos relacionados com o problema. Ele provavelmente sentirá uma modificação sutil na energia à medida que a mudança for sendo aceita. (N. da trad.)

21. O método de Marshall Rosenberg da comunicação não violenta (NVC) oferece ferramentas para uma comunicação saudável e a resolução de conflitos. Ver www.cnvc.org ou Marshall B. Rosenberg, *Nonviolent Communication* (Puddle Dancer, 2003).

22 Marianne Williamson, *Enchanted Love* (Touchstone, 2001).

23. Mais padrões de relacionamentos e os motivos pelos quais precisamos do amor incondicional para os relacionamentos íntimos saudáveis podem ser encontrados no meu livro anterior *Wild Love* (Piatkus, 2006). Recomendo também Jett Psaris e Marlena S. Lyons, *Undefended Love* (New Harbinger, 2000) como um modelo para a descoberta do tipo de amor e intimidade que o liberta para ser quem você é, em vez de dividir a sua energia e manter as suas defesas.

24. Paulo Coelho, *The Zahir* (*O Zahir*). (HarperCollins, 2006).

25. Examino mais detalhadamente esse padrão controle-sacrifício no meu livro anterior *Wild Love* (Piatkus, 2006).

CAPÍTULO 5: TORNE-SE UM RAIO *LASER*

26. Sanaya Roman, *Personal Power Through Awareness* (H. J. Kramer, 1986), p. 2.

27. William Tiller, *Science and Human Transformation* (Pavior, 1997), p. 196.

28. Bruce Lipton, *The Biology of Belief* (Cygnus Books, 2005). Dawson Church, *The Genie in Your Genes* (Elite Books, 2007).

29. Ver, por exemplo, livros de autoria de Deepak Chopra, Bernie S. Siegel, Larry Dossey, Rudolph Ballentine, Bruce Lipton, Caroline Myss, Norman Shealy, Donna Eden e um sem-número de outros pioneiros da nova medicina.

30. Deepak Chopra, *Unconditional Life* (Bantam, 1991), pp. 44-5.

31. Extraído dos ensinamentos de Abraham. Ver www.abraham-hicks.com ou Esther e Jerry Hicks, *Ask and It is Given* (Hay House, 2004).

CAPÍTULO 6: APRENDA A SE DESCONTRAIR E SE DESLIGAR

32. Deepak Chopra, *The Way of the Wizard* (Ridder, 1996), p. 123.

33. Joseph Campbell com Bill Moyers, *The Power of Myth* (Doubleday & Co., 1988), p. 120.

CAPÍTULO 7: TUDO ESTÁ EVOLUINDO COM PERFEIÇÃO

34. John F. Demartini, *Count Your Blessings* (Element, 2003), p. 84.

35. Essa perspectiva sobre o papel do contraste procede em grande parte dos ensinamentos de Abraham. Ver www.abraham-hicks.com ou Esther e Jerry Hicks, *Ask and It Is Given* (Hay House, 2004) e outros livros.

36. A história é narrada no meu livro anterior *Wild Love* (Piatkus, 2006).

37. Extraído de "You Darkness", em *Selected Poems of Rainer Maria Rilke,* traduzido para o inglês por Robert Bly (HarperPerennial, 1981).

38. John O'Donohue, *Eternal Echoes* (Bantam, 1998), p. 231.

CAPÍTULO 8: VOCÊ *PODE* EXERCER UMA INFLUÊNCIA POSITIVA

39. Marianne Williamson, *A Return to Love* (Aquarian, 1992), p. 161.

40. Esta é uma subpersonalidade que eu chamo de Pai ou Mãe Responsável ou Herói-Salvador. Ver a nota seguinte. Uma excelente abordagem para trabalhar com subpersonalidades é encontrada em Hal Stone e Sidra L. Stone, *Embracing Our Selves* (New World Library, 1989) e *Partnering* (New World Library, 2000). Eu vejo essa subpersonalidade como um agregado de pensamentos ou vibrações habituais.

41. Hal e Sidra Stone provavelmente chamariam essa voz de O Pressionador. Em prol da simplicidade, agrego todos os egos-eus controladores e críticos no termo Controlador-Árbitro. Chamo o eu complementar que docilmente cede às suas exigências, se sente culpado e se sacrifica de Criança Domesticada. Esses dois egos-eus são responsáveis por um grande número de padrões anômalos nos relacionamentos, bem como na nossa psique. Outro eu problemático é o Pai ou Mãe Responsável, que tende a se sentir responsável pela felicidade e pelo bem-estar dos outros, e que frequentemente os desautoriza, protege e resgata. Muitos dos conflitos emocionais da vida do dia a dia envolvem esses três ego-eus – também conhecidos como o Perseguidor, a Vítima e o Herói-Salvador – que juntos criam "triângulos de conflitos emocionais".

CAPÍTULO 9: OUSE VIVER, OUSE SONHAR

42. Pat Rodegast e Judith Stanton, *Emmanuel's Book III* (Bantam, 1994), p. 46.

43. Extraído de "The Summer Day" de Mary Oliver, *New and Selected Poems* (Beacon Press, 1992), p. 94.

44. Como inspiração, assista a Steve Davey, *Unforgettable Places To See Before You Die* (BBC, 2004) ou Steve Watkins e Clare Jones, *Unforgettable Things To Do Before You Die* (BBC, 2005).

EPÍLOGO

45. Quando Moisés foi para o Monte Sinai, ele estava aparentemente furioso com a situação da sua nação, e quando ouvimos a voz de Deus/Fonte a partir de um estado de raiva, ela pode soar intolerante e justiceira. (Ou seja, levemente mais elevada na escada emocional.) A partir de um estado de alegria e amor incondicional, a voz de Deus soa muito diferente.

Sempre senti que, em uma vida passada, tornei-me uma jovem discípula de Jesus logo depois da crucificação (e que havia muitas discípulas, embora tenham sido omitidas da Bíblia). O meu palpite é que *Vida: um presente do universo* e os Dez Convites assinalam o auge do trabalho que iniciei nessa vida passada.